SOIXANTE CENTIMES LE VOLUME

BIBLIOTHÈQUE UTILE

XLVI

H. LENEVEUX

PARIS MUNICIPAL

PARIS
LIBRAIRIE GERMER BAILLIÈRE ET Cie
108, BOULEVARD SAINT-GERMAIN, 108
Au coin de la rue Hautefeuille

Typographie Lahure, rue de Fleurus, 9, à Paris.

PARIS MUNICIPAL

SES SERVICES PUBLICS

ET

SES RESSOURCES FINANCIÈRES

PAR

H. LENEVEUX
Conseiller municipal de Paris

PARIS
LIBRAIRIE GERMER BAILLIÈRE ET Cie
108, BOULEVARD SAINT-GERMAIN
Au coin de la rue Hautefeuille.

OUVRAGE DU MÊME AUTEUR

Le budget du foyer, économie domestique. 1 vol. de la *Bibliothèque utile*.

DIVISION DE L'OUVRAGE

Introduction.
L'administration et le Conseil municipal.
Statistique des habitants et des habitations.

PREMIÈRE PARTIE.

LES SERVICES MUNICIPAUX DE PARIS.

Sûreté des personnes et des propriétés.
Hygiène publique et privée.
Circulation. Voie publique.
Alimentation.
Assistance publique.
Enseignement et cultes.
Services administratifs.
Dette municipale.

SECONDE PARTIE.

LES RESSOURCES FINANCIÈRES DE PARIS.

Octroi municipal.
Les centimes communaux.

Halles et marchés. — Abattoirs. — Entrepôts.
Produits du service des eaux.
Redevance de la Compagnie du gaz.
Contributions des particuliers pour travaux divers.
Droits de stationnement des voitures.
Taxe du balayage.
Produit des cimetières et des taxes funéraires.
Exploitation des voiries. — Droits de voirie.
Locations sur la voie publique.
Recettes diverses.

PARIS MUNICIPAL

INTRODUCTION

L'objet de ce petit livre est de faire connaître sommairement aux électeurs municipaux des quatre-vingts quartiers de Paris, aux citoyens de la grande ville, quelles sont les attributions et les devoirs des conseillers que depuis 1871, ils sont appelés à nommer tous les trois ans.

Ces conseillers (leur nom l'indique) ne doivent pas être confondus avec les administrateurs proprement dits. Leur rôle est analogue, proportion gardée de ville à État, à celui des députés des États généraux d'autrefois : ils votent des subsides et en surveillent l'emploi. Par suite d'une législation toute spéciale qui sépare Paris des autres communes de France au point de vue des attributions municipales, ces conseillers n'ont d'autre moyen d'action, sur une administration nommée par le pouvoir, que de resserrer au besoin les cordons de la bourse, et seulement lorsqu'il s'agit de dépenses facultatives, car les dépenses obligatoires peuvent toujours être faites malgré leur opposition.

Il est facile de voir tout d'abord, par ce que nous venons de dire, que les conseillers municipaux de Paris ne sauraient, sans injustice, être considérés comme responsables d'une foule d'actes plus ou moins critiquables de l'administration et des nombreux agents qui ne relèvent que d'elle. Il arrive cependant tous les jours que des plaintes, d'ailleurs fondées, parviennent jusqu'à eux, accompagnées de reproches parfaitement immérités. Pour éviter dans l'avenir la continuation de ces critiques mal adressées, nous rappelons aux habitants de Paris qu'ils ont le devoir, comme ils en ont la faculté, de connaître l'emploi qui est fait de leurs deniers, et de savoir quelle est au juste, sur ce point, la responsabilité de ceux à qui ils ont donné mandat de surveiller cet emploi.

Nous avons pris la plume pour leur faciliter cette étude. Les séances du Conseil municipal ne sont pas publiques (c'est la loi qui l'a voulu ainsi) ; les *reporters* n'y sont pas même admis. Les journaux reçoivent, comme par tolérance, un compte rendu sommaire qu'ils trouvent déjà trop étendu, et dont ils ne publient que des extraits incomplets. Il est donc à peu près impossible de se faire une idée exacte des travaux considérables qu'entraînent la discussion et le vote du budget annuel de la Ville, qui s'élève chaque année à plus de deux cent millions, de savoir à quels services il est employé, et de connaître les ressources financières qui l'alimentent. Ce que les journaux ne peuvent faire, nous l'essayons aujourd'hui dans ce petit volume, avec l'espoir qu'il contribuera à mettre en lumière un certain nombre de faits importants et peu connus, fort intéressants pour la plupart, et qui ne sauraient rester ignorés plus longtemps de quiconque paye sa part des contributions communales.

Le lecteur trouvera d'ailleurs un certain attrait imprévu dans l'examen de cet énorme budget municipal, qui embrasse presque autant d'objets que le budget de l'État. Comme l'État, en effet, la Ville doit pourvoir à la sûreté des personnes et des propriétés, aux exigences de l'hygiène publique et privée, à la sûreté de la circulation sur les voies publiques. Elle doit veiller à ce que l'alimentation de ses deux millions d'habitants ne souffre aucun retard ; elle doit pourvoir au traitement des malades pauvres ; secourir ou recueillir les indigents infirmes et vieux, les enfants abandonnés ; elle a charge, en qualité de propriétaire, des édifices municipaux, des édifices religieux lui appartenant. Enfin, et c'est sa tâche par excellence, elle prépare la génération nouvelle, par l'éducation et l'instruction, aux meilleures destinées que lui garantissent pour l'avenir le gouvernement républicain et les institutions démocratiques de notre pays

Le tableau suivant des revenus normaux des trente villes de France dont le budget dépasse un million permettra d'en comparer, à ce point de vue, l'importance relative.

Paris	206,000,000
Marseille	11,006,472
Lyon	10,437,353
Bordeaux	6,643,130
Lille	4,632,738
Rouen	3,916,625
Saint-Étienne	3,425,362
Le Havre	2,882,336
Toulouse	2,613,378
Nantes	2,514,938
Nancy	1,813,006
Reims	1,655,000
Nice	1,534,309
Amiens	1,512,095
Angers	1,437,331
Toulon	1,412,196
Nîmes	1,391,171
Limoges	1,372,530
Versailles	1,370,171
Boulogne	1,296,524
Grenoble	1,221,864
Tours	1,280,291
Orléans	1,232,290
Montpellier	1,229,827
Rennes	1,226,959
Troyes	1,166,700
Besançon	1,155,947
Clermont-Ferrand	1,150,679
Dijon	1,055,359
Caen	1,105,810

L'ADMINISTRATION ET LE CONSEIL MUNICIPAL.

Nous venons de dire que Paris, considéré comme une immense commune, et en raison même de sa nombreuse population, est soumis à un régime exceptionnel. Son administration est confiée à deux magistrats : le préfet de la Seine et le préfet de police. Ces deux fonctionnaires ont en outre d'autres attributions qu'ils tiennent également de l'État : vis-à-vis du département, le préfet de la Seine est un préfet comme les autres ; il est en même temps, vis-à-vis de la Ville, le maire de Paris, non pas, comme les autres maires, en vertu d'un mandat électif, mais par l'investiture du gouvernement central. A cette différence près, bien qu'elle soit de très-grande importance, le préfet-maire administre sa commune comme il le ferait dans toute autre, étant cependant entendu que les mesures spéciales de police et de sûreté sont du ressort du préfet de police, lequel exerce par conséquent, dans les limites déterminées par la loi, une certaine part de la fonction de maire de Paris. En réalité, Paris, nous le répétons, est administré par deux maires indépendants l'un de l'autre par la division de leurs attributions, et leur administration est surveillée et contrôlée par un conseil municipal composé de quatre-vingts membres élus au scrutin individuel, dans chacun des quatre-vingts quartiers de la ville, sans égard au chiffre de la population.

Les maires et adjoints des vingt arrondissements de Paris ne sont, en réalité, que des auxiliaires adjoints de la mairie centrale qui siége, ainsi que le Conseil municipal, au palais du Luxembourg. Les maires d'arrondissement sont des délégués locaux du maire de Paris, et n'étaient la gratuité de leurs fonctions, et l'espèce de magistrature qu'ils exercent relativement à l'état civil, on pourrait dire que ce sont des employés de la Ville. Leurs bureaux ne sont que des divisions détachées du service central pour la plus grande commodité des citoyens, et le Conseil municipal ne s'occupe de ces vingt mairies que pour voter leur part de budget et contrôler leurs dépenses.

Voyons maintenant quelles sont les relations établies entre le Conseil municipal et la mairie centrale chargée de l'administration de la Ville.

La mairie centrale prépare les projets de budget annuel, et les soumet, article par article, à l'examen et au vote du Conseil. Dans ces budgets peuvent trouver place, outre les articles de recettes et de dépenses courantes qui se représentent invariablement chaque année, un certain nombre de propositions nouvelles, préparées par l'administration, et soumises par elle à un examen et à un vote dit *de principe* de la part du Conseil municipal. Les emprunts, les grands travaux, les améliorations des divers services, en un mot, toutes les innovations, ne peuvent donc se produire que par un accord préalable entre l'administration et le Conseil. Ce dernier peut bien prendre l'initiative, et inviter l'administration à étudier telle ou telle question ; mais si l'administration n'entre pas dans les vues du Conseil, celui-ci ne peut que s'incliner : il peut conseiller ; il n'a pas la puissance de faire. S'il veut passer outre, et prendre une délibération, cette délibération n'est pas approuvee par le maire-préfet, elle peut même être annulée, sur la demande du préfet, par le ministre de l'intérieur, comme entachée d'illégalité. La situation se résume d'un mot : l'administration et le conseil ont vis-à-vis l'un de l'autre, pour toute dépense non obligatoire, le droit de *veto*. Il en résulte que sur quelques questions, nul progrès n'est possible, et que pour la solution des autres, il faut arriver à des concessions réciproques.

Pour l'examen du budget et des affaires courantes qui n'y sont portées que plus tard, sous forme de crédits, le Conseil municipal répartit ses quatre-vingts membres, autant que possible en raison des aptitudes spéciales de chacun, dans sept commissions ordinaires, plus sept commissions spéciales, dont le nom et les attributions donneront tout d'abord au lecteur une idée approximative de l'importance et de l'étendue des questions soumises au Conseil.

La première commission, dite des *finances*, s'occupe, surtout au point de vue des chiffres et de la comptabilité, de tout ce qui touche à la caisse municipale, aux emprunts, aux contributions et taxes, à l'octroi, aux dégrèvements et aux non-valeurs. C'est elle qui arrête les comptes et fait la balance du budget.

La deuxième commission est chargée d'examiner tout ce qui concerne la *mairie centrale*, les mairies d'arrondissement, l'état civil, les pompes funèbres, les cimetières, le recrutement, les cultes, les fabriques et consistoires, la reconnaissance légale des communautés, congrégations, associations de toutes sortes. Elle a en outre dans ses attributions d'examen les bibliothèques municipales ou subventionnées, les archives, les travaux historiques, le musée municipal (Carnavalet). Elle fait les rapports sur les pensions et secours de la préfecture de la Seine et des administrations annexes. Une commission spéciale est particulièrement chargée de l'étude des questions relatives au *cimetière de Méry-sur-Oise*.

La troisième commission, dite de la *voirie de Paris*, étudie, d'après les dossiers que lui soumet l'administration, les projets de voies nouvelles, les alignements, le nivellement de la voie publique, le classement et la dénomination des rues, les travaux du plan de Paris, les questions concernant le pavage et l'empierrement, les trottoirs, le balayage, l'éclairage, les carrières sous Paris. Elle prépare les rapports sur les affaires de grande et petite voirie, sur les indemnités pour dommages. Elle a encore dans ses attributions d'étude les omnibus, les tramways de l'intérieur, les voitures publiques, et tout qui se rattache à leurs intérêts avec la Ville.

La quatrième commission est chargée de l'*instruction publique* et de l'*assistance publique.* — Pour l'instruction : écoles communales, enseignement du dessin et du chant, cours d'adultes, livrets d'apprentissage ; bourses dans les lycées et les colléges. Elle vérifie les budgets des colléges municipaux Rollin et Chaptal, créations municipales. — Pour l'assistance publique, elle étudie tout ce qui concerne les établissements de bienfaisance, et prépare les avis du Conseil sur l'acceptation des dons et legs. L'examen des comptes du Mont-de-Piété, dans ses rapports avec le budget de l'assistance publique, lui est également confié.

Nous devons faire connaître à ce propos que dans sa sollicitude pour les progrès de l'instruction, le conseil a nommé deux commissions spéciales, l'une dite des *établissements scolaires*, qui s'occupe des créations nouvelles ; l'autre dite de l'*enseignement professionnel* et *manuel*, qui étudie cette grave question au point de vue du présent et de l'avenir.

La cinquième commission s'occupe de l'*architecture* et des *beaux-arts.* Les promenades, les squares, les plantations, les bois de Boulogne et de Vincennes, les concessions d'emplacements sur la voie publique et dans les promenades, les kiosques, les urinoirs, les étalages, les affichages, tel est son domaine. Il y faut joindre les théâtres municipaux, et les encouragements aux beaux-arts par voie de commandes, achats ou souscriptions. Cette commission a aussi à s'occuper des fêtes et cérémonies publiques ; mais depuis l'ouverture de l'Exposition, une commission spéciale dite *des fêtes*, a été instituée à part.

La sixième commission, dite des *eaux et égoûts*, examine les questions relatives aux eaux de Paris, à la dérivation des sources des vallées de la Dhuis et de la Vanne, aux puits artésiens, à la navigation, à l'entretien et à l'amélioration des canaux appartenant à la ville. Elle a aussi dans ses attributions d'examen les égoûts, l'utilisation de leurs eaux, les fosses d'aisance, et la voirie de Bondy.

La septième commission est chargée des questions relatives au *domaine de la Ville* et à l'examen des articles du budget spécial de la *Préfecture de police*. Le domaine municipal permanent, les entrepôts, les halles et marchés, les abattoirs, le poids et mesurage publics, les affaires contentieuses et les autorisations de plaider, remplissent la première partie de ses attributions. Elle a de plus à examiner le budget spécial de la Préfecture de police, les pensions et secours aux employés de cette administration, les dépenses relatives aux postes de police, aux gardiens de la paix, aux sapeurs-pompiers et à la garde républicaine.

Il nous reste encore à mentionner trois commissions spéciales. L'une est chargée de préparer l'organisation des travaux du Conseil. Une autre examine les affaires de logements insalubres qui présentent quelques difficultés. La dernière enfin a été nommée récemment avec la mission de faire un travail d'ensemble sur le budget de 1879.

Les commissions spéciales sont temporaires : elles peuvent être supprimées en partie et remplacées par d'autres, selon les circonstances. Mais les sept commissions ordinaires, chargées des affaires qui se représentent invariablement, auront probablement une durée plus longue. Quelques modifications que le temps y apporte, du reste, ce qui ne changera pas, c'est l'ensemble de leurs attributions, dont nous avons cru utile de donner le détail au lecteur, afin de l'initier dès les premières pages aux travaux considérables et absorbants que doivent accomplir leurs mandataires.

Le Conseil municipal de Paris, sauf des vacances qui correspondent à celles des tribunaux (de fin août au commencement d'octobre), peut être considéré comme permanent. A chaque session ordinaire succède une série de sessions extraordinaires, pendant lesquelles il est convoqué deux fois, et très-souvent trois fois par semaine. Dans l'intervalle s'assemblent les commissions, qui préparent le travail des séances.

Le second Conseil municipal, élu à la fin de 1874, et qui a été renouvelé en 1878, a eu en trois ans 250 séances; ses commissions ont tenu 926 réunions. Il a délibéré pendant ce temps sur 8 145 affaires, non compris 1 835 articles des budgets de 1876, 1877 et 1878.

Que le lecteur n'oublie pas que les fonctions de conseiller municipal sont absolument gratuites,

LES HABITANTS ET LES HABITATIONS.

Avant d'entrer dans le détail des services rendus par l'administration municipale à la population de Paris, il n'est pas inutile de savoir quelle est l'importance de cette population, et dans quelle proportion y figurent les diverses catégories sociales. Le recensement de 1876, d'une part, et les relevés du cadastre à la fin d'avril 1878, nous donneront à cet égard des renseignements aussi curieux qu'intéressants. Les chiffres que nous allons reproduire ont été sans doute modifiés, depuis le mois de mai, par le grand concours des visiteurs de l'Exposition universelle, mais cela ne peut influer que temporairement, et tout porte à croire qu'en 1879, à une légère augmentation près, Paris sera redevenu ce qu'il était lors du recensement de 1876.

A cette époque, Paris contenait 1 988 806 habitants, dont 1 007 968 du sexe féminin, et 980 838 du sexe masculin. Il y avait dans cette population 742 127 ménages.

Les enfants au-dessous de cinq ans étaient au nombre de 141 162. De cinq à douze ans, on en comptait 178 891. De douze à seize ans, le nombre était de 112 405, et de seize à vingt-un ans, de 175 074.

Ensemble 608 132 enfants et jeunes gens. La proportion des sexes est ici, comme toujours, en faveur des filles, mais elle est bien plus considérable dans les catégories de l'âge avancé, car, au delà de soixante-quinze ans, on trouve 13 355 femmes contre 9074 hommes.

On comptait, en effet, au dernier recensement 58 932 individus de soixante à soixante-cinq ans, 36 863 de soixante-cinq à soixante-dix ans, 23 525 de soixante-dix à soixante-quinze ans, et au-dessus de cet âge, 22 420 dont 3 centenaires femmes, le tout donnant un chiffre de 141 737 individus.

Restent donc 1 238 937 individus de vingt-un ans à soixante.

Si nous recherchons dans le recensement de 1876 certains éléments de nature à nous faire connaître la proportion de fortune des diverses couches sociales des habitants de Paris, nous trouvons que 1 239 000 personnes environ, dont 303 000 enfants et vieillards, vivent presque exclusivement d'un salaire plus ou moins restreint, produit du travail de 935 785 hommes ou femmes, ainsi répartis :

Domestiques : 125 313, dont 91 847 femmes.

Journaliers et concierges, 177 062 personnes.

Ouvriers proprement dits, 450 978, dont 199 752 femmes.

Commis et employés, 182 432, dont 45 594 femmes.

Si nous arrivons aux catégories des personnes aisées, nous trouvons que 295 720 sont des employeurs, chefs ou patrons; que 167 458 appartiennent aux professions dites libérales, et que les propriétaires, rentiers et pensionnés sont au nombre de 217 260. Mais il ne faut pas oublier que dans ces chiffres totalisés (680 438) sont compris 375 000 femmes, enfants ou vieillards vivant du produit des bénéfices, appointements, rentes ou pensions touchés par 305 000 personnes.

Voici le nombre de personnes (famille comprise) que renferment les diverses catégories des professions libérales. — Fonctionnaires, 66 866; — artistes, 27 576; — médecins, pharmaciens, dentistes, etc, 22 915; — membres des corps enseignants, 22 598; — avocats, avoués et huissiers, 21 318; — savants et publicistes, 6 185.

La gendarmerie et la police comprennent 21 612 personnes (familles comprises).

Les ministres des cultes, les religieux et les religieuses, en y comprenant les membres des communautés, fournissent 13 176 recensés.

La garnison contenue dans l'enceinte de Paris est comptée pour 18 380 personnes.

Les lycées et pensionnats renferment 10 673 enfants et jeunes gens.

Les hôpitaux et hospices (à l'intérieur de Paris) reçoivent une population flottante de 7 à 8000 individus; les prisons en contiennent environ 4000.

Un dernier détail pour terminer cette statistique. Le négoce, la banque et le haut commerce font vivre à

Paris 159 800 personnes : les boutiquiers et détaillants sont chiffrés pour 339 000 environ (toujours famille comprise).

Voici maintenant, quand aux habitations, les renseignements donnés par la révision du cadastre, arrivée presque à point à la fin d'avril 1878.

Les propriétés bâties dans Paris sont au nombre de 75 274, renfermant 1 022 539 locaux distincts, et dans lesquels s'ouvrent 68 409 portes et 4 259 613 fenêtres. L'impôt qui frappe encore chez nous le droit de respirer et d'y voir clair a de quoi s'exercer.

Sur ce million de locaux, 685 000 environ sont consacrés à l'habitation (le reste est à l'usage de l'industrie et du commerce); tous ne sont pas loués, mais l'estimation de leur revenu locatif n'en a pas moins été dressé lors de la révision cadastrale. Voici à cet égard les renseignements qui nous sont donnés.

Les logements loués ou à louer moyennant la somme annuelle de 300 francs et au-dessous sont au nombre de 412 000, c'est-à-dire dans la proportion des trois-cinquièmes. On trouve ensuite 74 369 logements de 3 à 500 francs. Ces deux catégories sont exemptées de l'impôt direct, qui est racheté à Paris, pour elles, par un prélèvement sur le produit de l'octroi, exemption dont nous aurons occasion de parler plus tard.

Le cadastre fait encore connaître l'existence de

56 576 locaux au-dessous de 500 francs, mais habités par des personnes payant patente.

Nous relevons ensuite 81 250 logements loués ou à louer, de 500 à 1000 francs; — 23 395 dont le prix varie de 1000 à 1500 francs; — 21 453 de 1500 à 3000 francs; 10 000 environ de 3 à 6000 francs; — 3000 loués de 6 à 10 000 francs; — et enfin 1834 au-delà de 10 000 francs.

PREMIÈRE PARTIE

LES SERVICES MUNICIPAUX DE PARIS

Ces préliminaires abordés, nous allons entrer dans le détail des services publics dont la ville a charge, et qui peuvent être classés, ainsi que nous l'avons indiqué, de la manière suivante :

Sûreté des personnes et des propriétés ;
Hygiène publique et privée ;
Sûreté de la circulation sur les voies publiques.
Protection des services d'alimentation.
Assistance publique.
Enseignement et cultes.

SURETÉ DES PERSONNES ET DES PROPRIÉTÉS.

Garnison de Paris. — Garde républicaine. — Préfecture de police. — Sapeurs-pompiers. — Police de sûreté. — Commissaires de police. — Police municipale (gardiens de la paix).

Sous le régime monarchique, Paris a été constamment tenu en suspicion par les divers gouvernements qui se sont succédé en France, suspicion que justifiaient à leurs yeux les tendances de la grande ville, accusée de nourrir en permanence un esprit d'opposition systématique. Le système des forts détachés, sous Louis Philippe, les grandes voies stratégiques, sous le second Empire, ont été les dernières expressions de cette défiance, qui n'a plus aujourd'hui de raison d'être. Il n'est plus besoin de songer à tenir en échec le sentiment révolutionnaire des Parisiens : la ville frondeuse a conquis définitivement la forme de gouvernement pour laquelle elle a combattu si souvent, et ce n'est pas de son sein que surgiraient désormais les éléments d'une révolte contre la République et le suffrage universel. On le sait si bien en haut lieu que la garnison de Paris ne s'élève pas, ainsi que le prouve le recensement de 1876, à plus de 18 000 hommes. Cette garnison n'est donc, à vrai dire, qu'un ornement : comme précaution, elle serait inutile. La garde républicaine, d'ailleurs, suffit et au-delà pour assurer la tranquillité de nos rues, qui n'a jamais été si profonde.

L'administration municipale ne s'occupe de la garnison qu'au point de vue du casernement, pour lequel elle a conclu avec l'État, outre un abonnement qui exonère les habitants de toute réquisition par les logements militaires, certains arrangements d'échange de locaux. C'est ainsi qu'elle a mis à la disposition du ministre de la guerre tous les bâtiments bâtis sur la voie stratégique intérieure de l'enceinte fortifiée, et originairement destinés aux employés de l'octroi. Par contre, l'Etat a cédé à la Ville la jouissance de plusieurs casernes où sont placés la garde républicaine et les sapeurs-pompiers. Le budget municipal de 1879 estime à 13 500 francs les dépenses d'entretien, de chauffage et d'éclairage des rares corps de garde occupés par la troupe. C'est la seule dépense que la Ville ait à faire en ce qui concerne la garnison.

La garde républicaine, sous les ordres du général commandant la place de Paris, forme actuellement une légion composée de trois bataillons d'infanterie et de six escadrons de cavalerie, logés dans les casernes de Tournon, Mouffetard, Lobau, de la Banque, des Célestins, de la Cité, et de la barrière d'Enfer. L'effectif est de 2190 hommes.

Une loi du 2 avril 1849 met à la charge de la ville de Paris la moitié des dépenses de cette garde, qui portait alors le nom de garde municipale. Cette moitié de dépenses est proposée au budget de 1879 pour 3 168,800 francs, y compris 20 750 francs pour loyer de la maison occupée par l'état-major, quai Bourbon, et 7 500 pour entretien du mobilier des casernes. L'état-major sera probablement transporté, d'ici à quelque temps, dans les bâtiments de la Cité où se trouvent les services de la Préfecture de police.

Le corps des sapeurs-pompiers, que les effort incessants du Conseil municipal de Paris n'ont jamais pu faire rentrer dans la catégorie des services civils de la Préfecture de la Seine, est, comme la garde républicaine, sous les ordres du commandant de la place de Paris. Son effectif est de 1690 hommes, répartis pour le service dans plus de quatre-vingt postes, plus 50 officiers. L'état-major est logé boulevard du Palais. Les sapeurs-pompiers forment deux bataillons de six compagnies chaque, casernés rues Blanche, des Réservoirs, du Vieux Colombier, J. J. Rousseau, des Entrepreneurs, de la Mare, du Château-d'eau, de Poissy, de Sedaine, de Reuilly, et boulevard de la Villette. Une nouvelle caserne va être établie rue d'Alésia.

La solde et ses accessoires s'élèvent, dans le budget spécial de la Préfecture de police pour 1879, à la somme de 1 537 974 fr. 59 c. Le matériel, et divers autres frais, figurent au même budget pour 216 439 fr. 20 c., à quoi il faut ajouter 83 350 francs portés au budget de la Préfecture de la Seine pour loyers de deux casernes et de vingt-trois postes, l'entretien du mobilier de l'état-major et des casernes, ainsi que les gages des concierges. Ensemble 1 837 763 fr. 79 c., que paye la Ville de Paris pour la préservation de l'incendie des propriétés publiques et privées. Ce service pourrait être confié avec avantage à des employés civils, qui y trouveraient une carrière et la perspective d'une retraite, au lieu d'être fait par des militaires qui tous les ans se renouvellent par cinquième, et dont les chefs sont hostiles à tout progrès qui ne vient pas d'eux. Ce service, en bonne justice, pourrait être payé par les compagnies d'assurances, au profit principal desquelles le corps des pompiers est de fait institué. Mais les innovations, si sages qu'elles soient, rencontrent ici comme ailleurs les résistances de la routine et du parti pris.

Il n'en est pas de même, fort heureusement, de la police municipale.

Grâce à une modification heureuse de l'esprit parisien, qui, ne voyant plus dans les corps de police l'hostilité politique qui les animait autrefois contre les citoyens, est tout disposé à leur venir en aide, la paix de la cité et la sûreté des personnes se trouveront de plus en plus assurées.

La police municipale, dirigée par la Préfecture de police, a pour attributions le maintien de la tranquillité publique et du bon ordre dans Paris; l'exécution des lois et ordonnances de police, la surveillance générale des vingt arrondissements, les recherches dans l'intérêt général et dans l'intérêt des familles, la recherche des maisons de jeu, la surveillance des voitures, des brocanteurs, de la prostitution, des maisons et hôtels garnis.

Elle est destinée, en outre, à rechercher, surveiller et capturer les assassins, les incendiaires, les faux monnayeurs, les voleurs, les escrocs et les vagabonds; elle recherche aussi les condamnés évadés, les surveillés en rupture de ban; elle exécute les mandats et perquisitions ordonnées par la justice, et exerce également sa surveillance et ses recherches dans les communes rurales autour de Paris.

La police municipale (service actif et contrôle général), comprend 7756 agents, qui prélèvent sur les budgets de la Ville et de l'État une somme totale de 12 168 850 francs. Les gardiens de la paix, dont la solde a été augmentée de 50 centimes par jour en 1878, sont au nombre de 6800, et reçoivent pour leur part 10 268 000 francs, plus une indemnité de logement d'en moyenne 185 francs par homme. Ils sont de plus habillés et équipés.

La Ville paye encore pour ce service des gratifications, indemnités et primes, des frais d'agents auxiliaires, des frais de bureaux; elle entretient, chauffe et éclaire les postes de police. Le chiffre total des dépenses de la police municipale, dans lequel ne sont compris ni les commissaires de police, ni les bureaux proprement dits, s'élève à 15 387 650 francs, dont moitié est remboursée à la Ville par l'État.

Les commissaires de police, au nombre de 81, dont 70 pour les quatre-vingts quartiers de Paris, secondés par 95 secrétaires et suppléants, et ayant à leur disposition 72 garçons de bureaux et 142 inspecteurs, coûteront à la Ville, pour l'année 1879, 1 120 100 francs.

L'administration centrale et ses bureaux, dont les attributions touchent à une foule de services d'un autre ordre que ceux dont nous venons de parler, seront l'objet d'une dépense totale de 1 309 738 francs.

Le cabinet du préfet de police comprend trois bureaux.

Le premier s'occupe presque exclusivement de politique générale, ce qui explique la participation de l'État aux dépenses de cette préfecture. Il a pour objet de veiller à la sûreté du Président de la République, d'étudier et de recueillir les documents politiques, de surveiller les sociétés secrètes, les complots et les attentats, les réfugiés, les étrangers, les associations, les manifestations, les réunions, les banquets, les loges maçoniques, etc., etc. Nous avons tout lieu de croire que ce bureau est loin de présenter l'activité fébrile qui l'animait sous les gouvernements précédents.

Le deuxième bureau a plus spécialement dans ses attributions tout ce qui touche aux grandes agglomérations de population; fêtes, revues, courses de chevaux, théâtres, cafés-concerts, divertissements publics. Il s'occupe en même temps des sociétés de secours mutuels, de l'affichage, du colportage des journaux.

Le troisième bureau a pour objectif l'examen des journaux français et étrangers, les traductions de pièces, le service des télégrammes et des dépêches de l'administration.

Le secrétariat général comprend un bureau du personnel, un bureau du matériel et des archives, trois sections de comptabilité et la caisse.

Les cinq bureaux de la première division ont les attributions suivantes :

Crimes et délits. — 1. Arrestations et expulsions. — 2. Surveillance légale. Service des mœurs. — 3. Prisons. — 4. Passeports. Livrets d'ouvriers. Hôtels garnis. — 5. Aliénés. Enfants assistés. Nourrices.

Les quatre bureaux de la seconde division s'occupent des objets suivants :

1. Approvisionnement. Navigation. Poids et mesures. Bourse. — 2. Police de la voie publique. Chemins de fer. — 3. Voitures. Incendies. — 4. Établissement classés. Police sanitaire.

Le lecteur nous permettra d'ouvrir ici une parenthèse, afin de lui expliquer ce qu'il pourrait trouver d'obscur en nous voyant citer des chiffres extraits les uns du budget de la Préfecture de police, les autres du budget de la Préfecture de la Seine. De même qu'il y a en réalité deux maires de Paris, qui sont les deux préfets, de même le préfet de police dresse son budget spécial et détaillé, dont le total figure en bloc, puisque c'est la Ville et l'État qui le payent, au budget municipal dressé par le préfet de la Seine. Pour étudier le budget, il faut donc avoir sous les yeux deux budgets ; il en faut même trois, quelquefois quatre, car l'Assistance publique, dont nous reparlerons en temps et lieu, dresse aussi, pour ce qui la concerne, son budget des recettes et dépenses. L'administration de l'octroi, de son côté, fournit des tableaux détaillés dont le résumé seul figure au budget municipal, où il vient se confondre.

Il faut encore ne pas oublier, quand on étudie ces énormes in-quarto, que les dépenses dans lesquelles participent, soit l'État, soit le département, sont portées au budget des dépenses pour leur totalité, et qu'on porte en recettes, pour rétablir la vérité des faits, la part contributive, soit de l'État, soit du département. Il en résulte que le budget des dépenses de la Ville offre un total plus élevé que la réalité de ces dépenses elles-mêmes, en ce qui touche la Ville ; mais les recettes réelles se trouvent augmentées de toute la différence. Il n'y a là, des deux côtés, qu'un grossissement apparent. C'est un inconvénient; mais les règles précises de la comptabilité administrative ne permettent pas d'agir autrement.

HYGIÈNE PUBLIQUE ET PRIVÉE.

Le service des eaux.

L'Ourcq. — Les sources du Nord. — L'eau d'Arcueil. — Les puits artésiens. — Les machines de la Marne et de la Seine. — La Dhuis. — La Vanne. — Les services publics. — Les abonnements privés. — La Compagnie des eaux de la ville de Paris.

Les limites bornées de cet ouvrage ne nous permettent pas d'entreprendre le curieux historique des efforts faits successivement par nos diverses administrations parisiennes afin de procurer aux habitants de la grande cité cet élément indispensable de la vie : l'eau potable. Longtemps ils n'eurent à la disposition que l'eau de la Seine, puisée et charriée à de grandes distances. On imagina ensuite de dériver les sources dites du Nord, sur les côteaux de Belleville, des Prés-Saint-Gervais et de Ménilmontant. Puis, l'aqueduc d'Arcueil amena au palais du Luxembourg, alors récemment bâti, les eaux des sources de Fresne et de Rungis, au sud. Plus tard la création du canal de l'Ourcq fournit une ressource précieuse, sinon à l'alimentation, du moins à l'hygiène publique, en permettant le lavage des ruisseaux et l'arrosement des voies publiques. De nouvelles machines élévatoires des eaux de la Seine furent ensuite établies :

les puits artésiens de Grenelle et de Passy furent creusés. La population augmentant sans cesse, les eaux de l'Ourcq et de la Seine devenant de plus en plus impures, il fallut sérieusement songer à se pourvoir ailleurs des eaux destinées à la consommation alimentaire. Les eaux de la Dhuis emplirent bientôt les grands réservoirs bâtis à cet effet à Ménilmontant en 1865, et celles de la Vanne, reçues en 1875 dans les immenses cavités des réservoirs de Montsouris, vinrent augmenter, sans cependant les compléter entièrement, les ressources indispensables à la vie et à la santé d'une agglomération aussi considérable de personnes.

Comme on le voit, le service des eaux dans Paris a subi, dans ces dernières années, d'importantes et sérieuses modifications, et s'il n'est pas encore absolument en mesure de satisfaire à toutes les exigences d'une bonne hygiène publique et privée, il est en voie d'y arriver pleinement dans un délai assez rapproché. Il ne s'agit plus, en effet, que d'une dépense nouvelle de dix-huit à vingt millions pour augmenter, d'une part, le nombre des machines élévatoires d'eau de Seine prise au-dessus de Paris; pour dériver une nouvelle source, dite de Cochepie (donnant trois cents litres au minimum par seconde), acquise par la ville; dans le département de l'Yonne, pour améliorer et augmenter les eaux amenées par le canal de l'Ourcq et la Marne, et, d'autre part, pour établir des conduites d'eau sous les voies publiques qui en manquent encore, en doublant autant que possible la canalisation, c'est-à-dire en séparant les eaux provenant de l'Ourcq, de la Marne, des puits artésiens et de la Seine au-dessous de Paris, destinées aux lavages, aux arrosements, à tous les services publics, de celles de la Dhuis, de la Vanne et de la Seine au-dessus de Paris, exclusivement réservées dès lors aux usages domestiques.

Pour bien apprécier l'importance des progrès accomplis depuis vint-cinq ans à peine dans l'aménagement des eaux de Paris, il faut se rappeler qu'en 1854 Paris n'avait pour principale ressource que l'eau de l'Ourcq. Venait ensuite l'eau de Seine, qui donnait moitié moins d'eau que l'Ourcq, et n'était pas plus que celle-ci d'une pureté irréprochable. Le puits de Grenelle, les sources du Nord et l'aqueduc d'Arcueil devaient fournir une eau plus convenable ; mais leur débit total n'atteignait pas les deux-tiers de la quantité fournie par la Seine, et elles se mélangeaient d'ailleurs ainsi : Arcueil, Grenelle et la Seine dans le réservoir du Panthéon, l'Ourcq et les sources du Nord dans celui de l'abattoir Ménilmontant.

D'ici à fort peu de temps, au contraire, comme nous venons de le dire, les eaux destinées à la consommation alimentaire, livrées aux habitants par voie d'abonnements privés, seront absolument distinctes des eaux inférieures utilisées par les services publics : fontaines monumentales, lacs, bornes-fontaines, bouches sous trottoirs, poteaux d'arrosement, bouches d'incendie, urinoirs, etc. Ces eaux de seconde qualité, lorsqu'elles pourront être entièrement séparées des autres, seront fournies par l'Ourcq, par la basse Seine (usines de Chaillot, d'Auteuil et de Saint-Ouen), par la Marne (usines de Saint-Maur) et par le puits artésien de Passy. Le puits de Grenelle, qui ne débite d'ailleurs que 340 mètres cubes en moyenne par jour, n'a pas reçu jusqu'ici, malgré l'élévation de température de ses eaux, de destination spéciale. Quant aux eaux destinées aux besoins domestiques, elles pourront exclusivement provenir de la haute Seine (machines d'Austerlitz, de Maisons-Alfort et de Port-à-l'Anglais), de la Marne (usine hydraulique de Saint-Maur), de la Dhuis (réservoir de Ménilmontant), de la Vanne et de Cochepie (réservoir de Montsouris).

Voici quelques détails sur ces établissements hydrauliques, en commençant par les eaux de qualité supérieure :

Le réservoir de Montsouris reçoit, pour le moment, en moyenne et par jour, près de 100 000 mètres cubes d'eau de diverses sources dérivées dans la vallée de la Vanne et amenées à Paris par un aqueduc de 173 kilomètres, comprenant un grand nombre de travaux d'art dont les plus difficiles ont été établis dans la forêt de Fontainebleau. Cet aqueduc (acquisition des sources, indemnités et achats de terrain) a coûté 38 700 000 francs. Le réservoir et les artères maîtresses de distribution ont entraîné jusqu'ici une dépense de près de 10 000 000. Le service régulier de cet établissement a commencé en mai 1875.

Le réservoir de Ménilmontant, rempli des eaux de la Dhuis, dont la source est à Pargny, canton de Condé (Aisne), reçoit 22 270 mètres cubes en moyenne par jour. Ces eaux y sont amenées par un aqueduc de 131 kilomètres, ayant coûté 18 000 000. La dépense du réservoir s'est élevé à 4 000 000. Cet établissement fonctionne depuis le mois d'octobre 1865.

Comme le réservoir de Montsouris, celui de Ménilmontant comprend deux bassins superposés. Mais à Ménilmontant, le bassin supérieur seul reçoit les eaux de la Dhuis : dans le bassin inférieur arrivent les eaux de la Marne, provenant des usines de Saint-Maur.

Pour les mêmes services domestiques, Paris reçoit encore des sources dites du Midi, l'eau d'Arcueil, des sources dites du Nord, les eaux de Belleville et des Prés-Saint-Gervais. Ces sources ne fournissent ensemble, par jour, en moyenne que 3 428 mètres cubes, quantité insignifiante si on la compare aux 22 277 de la Dhuis, et aux 100 000 de la Vanne, que viendra augmenter encore, dans une notable proportion, la source de Cochepie.

L'usine hydraulique de Saint-Maur amène à Paris chaque jour 36 000 mètres cubes d'eau de la Marne. Enfin, la partie des eaux de la Seine puisée en amont par les trois machines dont nous avons parlé plus haut, s'élève à 15 986 mètres cubes par jour.

Arrivons aux eaux de qualité inférieure, exclusivement réservées aux services publics dès qu'elles auront pu être canalisées à part.

Ce sont d'abord les eaux de Seine prises en aval par les usines à vapeur de Chaillot, d'Auteuil et de Saint-Ouen. Paris en reçoit 24 000 mètres cubes environ par jour.

Viennent ensuite les eaux de la Marne, élevées par les usines de Saint-Maur pour les besoins du bois de Vincennes (propriété de la Ville). Ce service en utilise plus de 13 000 mètres cubes par jour. Puis le puits artésien de Passy, dont le débit quotidien est de 6,378 mètres cubes par jour. Enfin l'eau de l'Ourcq, dont la consommation quotidienne est de 115 135 mètres cubes.

Tous les chiffres ci-dessus donnés représentent la moyenne quotidienne des quantités d'eau distribuées à Paris pendant le mois de juin 1878. Ils donnent un total de 337 100 mètres cubes d'eau, appliqués à tous les services réunis : alimentation, besoins domestiques, assainissement et services publics.

Nous ne saurions dire exactement pour quelle proportion entrent dans cette quantité moyenne l'alimentation et les besoins domestiques, soit en eaux de qualité supérieure, soit en eaux inférieures. Beaucoup trop de Parisiens, malheureusement, faute d'une réserve plus abondante des eaux de source, et de moyens de distribution plus étendus et plus perfectionnés, en sont encore réduits à l'eau de l'Ourcq pour les usages domestiques. Mais, nous le répétons : l'amélioration de cet état de choses n'est plus qu'un sacrifice d'argent, et nous espérons que les moyens d'exécution ne se feront pas attendre trop longtemps.

Il est maintenant une question secondaire qui préoccupe cependant, à bon droit, les habitants de Paris, et que leur Conseil municipal a jusqu'ici fait de vains efforts pour résoudre. Nous voulons parler des abonnements aux eaux, et de leurs conditions, assez dures pour susciter partout de vives réclamations.

Avant le second empire, la Ville de Paris exploitait elle-même son service des eaux, et elle en tirait un certain profit par la vente de l'eau aux fontaines marchandes, et par les concessions annuelles qu'elle faisait aux particuliers. Or, une compagnie s'était formée, en 1853, pour doter la banlieue d'alors d'un service analogue à celui de la Ville. Les choses marchèrent ainsi, parallèlement, et sans conflit, jusqu'à la fin de 1859, époque à laquelle un certain nombre des communes de la banlieue, desservies jusque-là par la Compagnie, et situées près de l'enceinte fortifiée, furent annexées en tout ou en partie à la ville de Paris. Cette annexion créait alors, pour cette Compagnie et pour la Ville, une situation nouvelle, qu'un traité daté du 11 juillet 1860 vint dénouer, à la façon dont elles se dénouaient ordinairement en ce temps-là.

Par ce traité, la Ville de Paris accorda à la Compagnie pour cinquante années, la régie intéressée, autrement dit le monopole de la distribution des eaux, moyennant un tarif déterminé dont nous parlerons plus loin. Elle racheta tout d'abord à la Compagnie le matériel que possédait celle-ci dans le département de la Seine, moyennant une annuité de 1 160 000 francs à payer pendant les cinquante années, c'est-à-dire pour un somme de 58 millions. La Ville se chargea, en outre, des frais d'entretien et du complément des machines élévatoires, réservoirs, conduites et autres ouvrages nécessaires à la distribution des eaux dans Paris et la banlieue. Elle mit, en outre, gratuitement, à la disposition de la Compagnie, les locaux alors affectés aux fontaines marchandes.

Quelles ont été, quelles sont encore les conditions de cette régie intéressée, légèrement modifiées en 1867 et 1869.

La compagnie fait les recettes d'abonnements et de vente d'eau pour le compte de la Ville.

Mais sur les recettes, elle prélève préalablement :

1° Tous les mois, le douzième de son annuité de 1 160 000 francs;

2° Chaque année, 25 pour 100 des sommes dépassant 3 000 000 francs jusqu'à 6 millions — plus 20 pour 100 sur les septième, huitième et neuvième millions; 15 pour 100 sur les dixième et onzième millions, 10 pour 100 sur le douzième, et 5 pour 100 sur toute recette dépassant cette somme.

Quels sont les résultats de cette régie intéressée, tant pour la ville que pour la Compagnie? Les prévisions du budget de 1879 vont nous le dire.

Les recettes de 1879 sont évaluées (l'annuité de 1 160 000 francs préalablement déduite, ainsi que la somme de 3 600 000 francs au delà de laquelle seulement la Compagnie entre en partage) à 8 034 300 francs. La Compagnie touchera donc, outre son annuité, 600 000 francs de remise à 25 pour 100 (le quart de 2 400 000 francs) et 406 800 francs de remise à 20 pour 100 (le cinquième de 2 034 000 francs), soit au total 2 166 800 francs.

Ceci n'est qu'une prévision; mais elle est certainement au-dessous de la réalité. A l'heure où nous écrivons, le compte de 1877 est terminé; la Compagnie a encaissé 917 000 francs de prime, sans préjudice de ses 1 160 000 francs annuels.

Quant à la ville, elle encaissera pour 1879 au moins 7 millions pour sa part, mais elle en dépensera la moitié pour continuer ses travaux de distribution générale des eaux et pour leur entretien, pour les dépenses matérielles du service hydraulique, pour les appointements du personnel spécial, etc. Quant aux dépenses énormes, aux frais considérables qu'ont entraîné l'établissement des aqueducs et des réservoirs des eaux de la Dhuis et de la Vanne, nous les rappelons au moins pour mémoire. Ils ont contribué à augmenter au delà de toute espérance les primes touchées ou à toucher jusqu'en 1910 par les heureux actionnaires de la Compagnie. Ne songeons qu'à une chose, c'est que le Conseil municipal de la République n'a pas créé cette situation, qu'il la subit, et que ce n'est pas le bon vouloir qui lui manque pour la modifier.

Le public, lui, trouve que la Compagnie fait d'excellentes affaires, et pense qu'elle pourrait bien, même sans nuire à ses intérêts financiers, aider le Conseil municipal et l'administration à développer davantage la consommation de l'eau, en réduisant le prix de l'abonnement et en se mettant en mesure de fournir l'eau dans les 50 000 maisons (sur 70 000) qui en manquent encore.

Les votes persistants du Conseil municipal en faveur d'un abaissement de tarif ne pouvaient aboutir, tant que la Compagnie, dont le contrat ne contient plus aucune clause de résiliation (il y en avait une au début ; elle a été supprimée en 1869) n'y consentirait pas à l'amiable. Un nouveau projet de traité, négocié entre elle et l'administration, est en ce moment soumis à l'examen du Conseil. La Compagnie, se rendant enfin à l'évidence, se prêterait non-seulement à un abaissement de tarif, mais encore à l'adoption du système qui a si bien réussi à la Compagnie du gaz, lequel consiste à faire à ses frais et à entretenir les canaux de distribution à l'extérieur et à l'intérieur des maisons, moyennant une légère annuité ajoutée au prix de l'abonnement. Ce prix subirait, comme nous venons de le dire, une réduction dont l'importance sera le principal objet du débat. La Compagnie ferait en outre une opération doublement fructueuse pour elle : elle avancerait les 18 ou 20 millions nécessaires ux compléments de service dont nous avons parlé, et qui seraient terminés en trois années.

Les vœux constants des habitants de Paris seraient ainsi satisfaits : ce ne serait pas, il est vrai, sans bourse délier. Mais il faut estimer qu'avant les considérations d'argent se placent ici des nécessités d'hygiène et de salubrité plus impérieuses que les percées de boulevards ou les plantations de parcs.

LES ÉGOUTS. — LES VIDANGES.

Le réseau d'égoûts. — Les collecteurs. — Asnières et la Seine. Utilisation des eaux d'égoût. — Gennevilliers, ses machines et son jardin d'essai. — Les vidanges. — Les dépotoirs et les fabriques attenantes. — La voirie de Bondy et son stock. — Les logements insalubres.

C'est beaucoup, mais ce n'est pas tout pour l'hygiène d'une grande ville que d'y répandre l'eau à profusion, que de favoriser le lavage de l'intérieur des maisons et le nettoyage des ruisseaux de la voie publique. Il faut que ces eaux, chargées d'immondices, disparaissent au plus vite, et 337 160 mètres cubes d'eau par jour ne sont pas une petite affaire à écouler.

De grands progrès ont cependant été réalisés sous ce rapport depuis la création des égoûts collecteurs et la multiplication des égoûts particuliers reliant les maisons à l'égoût de la rue. La Seine n'est plus, à Paris du moins, le réceptacle de toutes les impuretés de la cité : notre réseau d'égoûts porte au loin ces liquides dont la composition chimique, nuisible à l'homme, renferme au contraire les plus énergiques stimulants de la vie végétale. Que d'efforts ont été faits, jusqu'ici, pour utiliser au profit de l'agriculture, les produits de nos vidanges, et les engrais liquides que charrient à travers la ville ces canaux souterrains où passent en même temps la plupart des conduites d'eau et des conduites de gaz. De tous ces efforts, qui sont loin d'avoir complétement abouti, il faut bien conclure que nous sommes encore, et pour quelques années peut-être, dans la période des tâtonnements. La Ville de Paris se trouve cependant, là aussi, dans la nécessité d'arriver à une prompte solution. La Seine, désinfectée peu à peu dans le parcours de Paris, ne l'est pas encore à Asnières, à Saint-Denis, à Bougival et même bien au delà.

Depuis la création des grands collecteurs qui, recevant les liquides des égoûts ordinaires, vont les porter jusqu'à Asnières, Paris a débarrassé son fleuve de ces impurs affluents. Mais en les reportant à Asnières, on n'avait fait que déplacer le mal. Pendant quelques annéos la Seine, depuis Asnières jusqu'à Saint-Germain, a été empoisonnée à ce point que les herbes et les poissons n'ont pu y vivre. Des réclamations fort vives et très-légitimes se sont élevées de toutes les communes riveraines ; et l'État est intervenu pour sommer en quelque sorte la Ville de Paris de remédier rapidement à cet état de choses. C'est alors qu'on a eu la pensée d'utiliser les eaux d'égoût, soit directement en les répandant sur le sol des terrains cultivés ou en les y faisant circuler dans des rigoles, soit indirectement, en séparant de ces liquides les matières organiques pour les transformer en engrais, et en ne rendant ensuite au fleuve que des eaux devenues à peu près utilisables. Le premier mode a seul réussi jusqu'ici : le second est toujours à l'état d'essai. La Ville de Paris, pour prouver aux cultivateurs de la plaine de Gennevilliers la valeur et la richesse de ces engrais liquides, a créé sur ce point un jardin-modèle, où les arrosements à l'eau d'égoût ont amené les légumes à un état de vigueur inouï, sans altérer leurs qualités nutritives ni leur communiquer aucun goût particulier. De proche en proche l'exemple donné par la Ville a été imité avec succès par ses voisins, jusqu'au moment où les eaux d'égoût sont devenues trop abondantes pour les besoins. Il a fallu songer alors à envoyer le trop-plein dans d'autres localités : des machines élévatoires ont été installées, pour transporter, dans un avenir prochain, ce trop-plein dans les plaines situées derrière la forêt de Saint-Germain, et jusqu'aux environs du futur cimetière de Méry-sur-Oise. Mais il faut pour cela que les populations comprennent bien que c'est la richesse, et non la maladie, comme quelques-uns le croient, que la Ville de Paris leur apporte. Pour que ces préjugés disparaissent, la Ville s'impose un luxe ruineux de précautions; elle fait couvrir les rigoles d'irrigation, jusqu'ici à ciel ouvert : elle opère des drainages, pour faire écouler dans la nappe souterraine les eaux déjà filtrées par leur action première sur la végétation. En même temps, comme nous l'avons dit, elle ouvre toute grande la porte aux inventions ayant pour but d'extraire des eaux d'égoût toute la partie utilisable et féconde, ne laissant pour résidu que des eaux ordinaires pouvant être reçues à la Seine sans inconvénients.

Le budget de 1879 prévoit pour ces objets une dépense de 375 000 francs. De son jardin d'essai, la Ville tire un loyer de 1800 francs. On voit qu'elle poursuit ici avant tout une question grave de salubrité publique.

Mais le réseau d'égoûts qui doit assainir plus complétement Paris est malheusement bien loin d'être terminé ; nous en possédons cependant 600 kilomètres environ ; beaucoup de rues n'en sont pas encore pourvues : beaucoup de propriétaires de maisons n'ont pas encore voulu jusqu'ici profiter de la faculté de brancher des égoûts particuliers sur ceux de la voie publique. D'autres ne le peuvent pas encore, car il faudra que la ville dépense 45 à 50 millions rien que pour construire les 350 kilomètres d'égoûts qui nous font

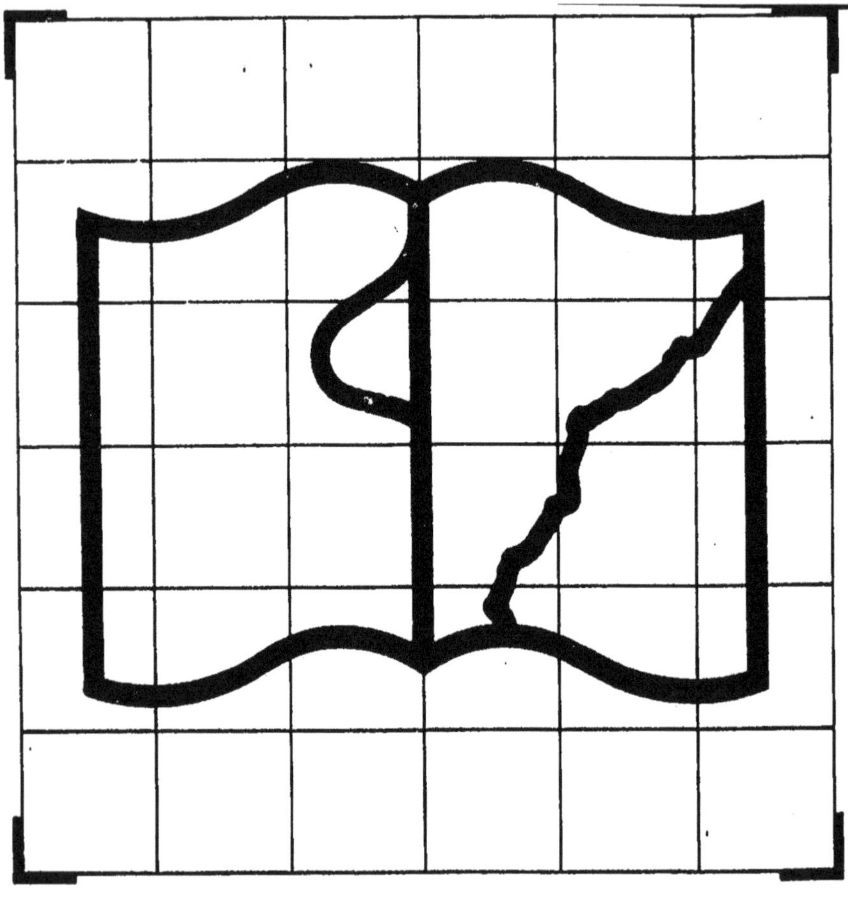

défaut. Cela viendra néanmoins, dès que la fièvre des percements sera un peu calmée.

A cette question des égoûts particuliers branchés sur ceux de la voie publique se rattache celle des vidanges des fosses d'aisance, la plus grande peut-être des causes d'insalubrité qui subsistent encore, et bien plus grave assurément que celle des cimetières. L'ingénieur Belgrand, dont le Conseil municipal déplore la perte récente, soutenait à cet égard des opinions que l'administration a jusqu'ici peu partagé, mais qui ont contribué à faire naître où à entretenir chez elle une certaine indécision chaque fois qu'il s'est agi de mettre résolûment la main à ce travail d'Hercule dont la suppression des fosses d'aisances et de leur vidange deviendra peut-être un jour le véritable point de départ.

On trouve dans un mémoire de M. l'ingénieur Belgrand (1875), intitulé *Transformation de la vidange et suppression de la voirie de Bondy*, les renseignements qui suivent :

La Ville possédait à ce moment 536 kilomètres d'égoûts : il en restait 350 à construire immédiatemant : ce travail exigerait quinze ans environ, dans les conditions ordinaires.

Les matières liquides des fosses forment les 4/5 des matières fécales. Les solides restant dans les tinettes-filtres pourraient être transportés par les vidangeurs à leurs voiries particulières : donc plus de voirie de Bondy.

Le propriétaire qui n'a pas de tinettes se refuse aux concessions d'eau, parce qu'on remplit trop vite les fosses, or. la vidange coûte en moyenne 8 francs par mètre cube.

M. Belgrand propose la vidange complète à l'égout (solides et liquides), et l'eau à chaque étage, avec effet d'eau dans les cabinets — obligatoirement. — 8 610 tinettes-filtres existaient en 1875. Les liquides de ces maisons vont à l'égoût. Dans 60 310 maisons, il existe 124 000 fosses régulières, 7 690 maisons n'ont pas de fosses régulières. Outre les tinettes, on comptait 12 520 appareils diviseurs sur réservoirs.

« L'écoulement des liquides *frais* à l'égout ne présente aucun inconvénient. » L'hôtel des Invalides (2000 habitants) opère ainsi depuis longtemps, sans que jamais aucune plainte se soit produite.

« Les matières *fraîches* ne renferment pas encore d'ammoniaque. »

Les Parisiens en produisent « 25 litres par second 2000 mètres cubes environ par jour, qui serai noyés dans 300 000 mètres cubes d'eau sale dél par les collecteurs.

La vidange actuelle, disait M. Belgrand, « es véritable fléau. » Quand la ville pourra distr l'eau partout, et que chaque logement pou être pourvu, qui empêchera les propriétaires ou qui auront des branchements particuliers d'y déverser, non pas comme aujourd'hui liquide de leurs fosses à l'aide du systèm (qui retient, comme on sait, dans des *tinettes*, les matières solides, en laissant les liquides à l'égoût,) mais bien tout ce qui passe par les fosses d'aisance, sans distinction. Par ce moyen, l'écoulement de tout ce qui peut vicier l'air d'une maison se ferait à chaque minute ; eaux de vaisselle, déjections déjà noyées par une addition d'eau ordinaire, passeraient à l'égoût rapidement, chassées par l'eau des ruisseaux et des bornes-fontaines. Désormais, plus de logements insalubres, sauf par l'humidité, plus de vidange, plus de vidangeurs, plus de dépotoirs, plus de voirie de Bondy ! Le savant ingénieur pensait que la qualité fertilisante des eaux d'égoûts en serait certainement augmentée : quant aux craintes d'amas de vapeurs méphytiques, il ne les partageait pas, étant donnée une plus grande dilution des matières, et un écoulement plus rapide. Alors, nous disait-il, au lieu de deux difficultés, celle de la voirie de Bondy et celle de l'utilisation des ·aux d'égoûts, nous n'en aurions plus qu'une à abor·r de front : la dernière.

'élas! les deux difficultés sont toujours là, et le ıx savant n'y est plus.

ɔndy est toujours un lac infect, contenant pour millions d'engrais humain accumulé depuis des ·s, et qui ont été adjugés pour 1 200 000 francs ɔouvelle société industrielle. Les anciens dépo·nt quelques-uns sont situés, contre toute ıygiène, au sud de Paris, d'où les vents les .uels en amènent les miasmes sur la ville, s'agrandissent, de nouveaux s'établissent, et autour d'eux se groupent les fabriques de sulfate d'ammoniaque, nouvelles sources d'altération de l'air, que peut constater chaque jour le directeur de l'observatoire de Montsouris, chargé par la Ville de l'analyse de notre atmosphère.

Le produit de la voirie de Bondy, en 1877, a donné la somme plus que modeste de 28 104 francs. La nouvelle compagnie chargée de son exploitation, (que Dieu lui prête vie !) s'est engagée à utiliser en six ans le vieux stock, et elle promet de payer à la Ville une redevance de 200 000 francs par an pendant ces six années. Outre cette annuité, la compagnie doit payer en outre 1 fr 377 mill. le mètre cube, les nouvelles matières que les vidangeurs de certaines zones sont tenus de lui apporter. Le budget de 1879 porte à 360,000 mètres cubes la quantité présumée de ce nouvel apport, et estime en conséquence à 495 700 francs le produit qu'en tirera la Ville, en plus des 200 000 francs annuels déjà consentis pour le stock. Le tout en regard d'une dépense de 130 000 francs, pour le personnel de surveillance et les essais de procédés nouveaux.

Mais le passé de Bondy a rendu le Conseil mnnicipal fort pessimiste à l'endroit de cette recette. Il n'a pas oublié les déboires de certaine compagnie anglaise qui, après avoir offert 6 francs du mètre cube de matière, a abandonné l'entreprise, laissant aux mains de la Ville son cautionnement.... et le stock intact !

Le lecteur sera probablement curieux de connaître en quoi consiste l'intervention du Conseil municipal pour l'exécution de la loi sur les logements insalubres. C'est d'abord le Conseil qui nomme, hors de son sein, la commission spéciale chargée de visiter les logements signalés à l'autorité. Puis, le conseiller municipal du quartier reçoit mission de s'assurer si les travaux d'amélioration demandés par cette commission lui paraissent nécessaires, et dans le cas affirmatif, il présente au Conseil un rapport conforme. Le Conseil statue et le propriétaire est alors mis en demeure de s'exécuter. Souvent les travaux demandés ont été faits avant la visite du conseiller, qui se borne alors à en prévenir le Conseil.

Si le conseiller de quartier trouve que la commission a exagéré la situation, et demandé des travaux trop coûteux ou inutiles, la question est soumise à une commission spéciale créée par le Conseil municipal dans son sein, laquelle, après nouvel examen, peut renvoyer l'affaire à la commission des logements insalubres, pour nouvel avis. On voit que l'action du Conseil municipal s'exerce, en cette circonstance, aussi bien dans l'intérêt du propriétaire que dans celui des locataires.

Les principales causes d'insalubrité des logements sont celles-ci :

Air vicié par les émanations de fosses d'aisance mal aérées, dont les sièges ne sont pas à fermeture automatique, qui n'ont pas d'écoulement en pente vers la fosse, au bas du siége, et dont les murs ne sont pas peints au blanc de zinc.

Insuffisance d'air et de lumière, soit par l'étroitesse du local et par la petitesse des ouvertures.

Humidité des plafonds et des murs, caractérisées par des taches d'infiltration, par le papier tombant en lambeaux, par la moisissure des boiseries, etc..

Eaux stagnantes par suite du mauvais pavage des cours, par le défaut de pente des ruisseaux, par le mauvais état des rigoles et leur non fermeture.

Tout habitant de Paris peut signaler, par lettre adressée à l'un ou à l'autre des préfets-maires, l'insalubrité des logements qu'il habite ou qu'il a habité. Les médecins chargés du service des décès sont également invités à faire connaître si l'insalubrité des logements a pu influer sur la maladie qui a entraîné la mort. Il est toujours donné suite aux plaintes qui se produisent, quand elles sont reconnues fondées.

LES CIMETIÈRES. — LES POMPES FUNÈBRES.

Méry-sur-Oise. — Cayenne (Cimetière Saint-Ouen). — Le Champ de Navets (Cimetière d'Yvry). — L'établissement de la rue Curial. — Le tarif des pompes funèbres.

Le 14 août 1874, le Conseil municipal de Paris, mû par des considérations d'hygiène publique, adopta en principe la création d'une nécropole parisienne unique pour remplacer les cimetières existant à l'intérieur de Paris, et décida que cette nécropole serait établie à Méry-sur-Oise, sur l'emplacement déjà préparé à cet effet en 1864 par l'administration de M. Haussmann, qui y avait fait acheter 513 hectares de terrain ayant coûté 1 406 000 francs. A la suite de longs et intéressants débats, le Conseil décida « qu'il y avait lieu d'établir sur le plateau de Méry-sur-Oise un cimetière parisien d'une contenance approximative de 800 hectares, *et relié à Paris par un chemin de fer spécial.* »

Cette dernière condition, que nous soulignons, est la principale cause de l'inaction dans laquelle est restée l'administration depuis quatre ans à l'égard du cimetière de Méry, et on va le comprendre. Une somme de 12 millions, à prendre sur l'avant-dernier emprunt de la Ville, a été réservée pour cette création. Or, si la nécropole doit être reliée à Paris par un chemin de fer « spécial » et le Conseil tenait avant tout à cette condition, afin de réserver aux convois leur caractère exclusivement funéraire, ce n'est pas 12 millions qu'il faudra dépenser, mais bien 40 et peut-être davantage; aussi l'administration, interpellée à diverses reprises en 1875 sur ce qu'elle comptait faire, répondait-elle qu'elle continuait les études préparatoires dudit chemin de fer. En 1876, nouvelle interpellation, et nomination d'une commission spéciale qui obtint enfin communication d'un projet d'où le chemin de fer spécial a presque entièrement disparu.

En 1877, la commission n'a pas saisi le Conseil, et les choses paraissent en être restées là. Depuis 1874, il a fallu créer ou agrandir successivement ces asiles désolés de Saint-Ouen et de Gentilly, que la population nomme *Cayenne* et *le Champ de Navets*. Rien de plus douloureux à voir que ces files de convois s'échelonnant sur la route militaire, pour arriver, de tous les points de Paris, quelquefois de 8 à 10 kilomètres, à l'un ou à l'autre de ces deux cimetières. Rien de plus navrant que l'aspect de ces asiles temporaires, où la végétation est rabougrie, où rien enfin ne vient rappeler la funèbre majesté de nos vieux cimetières parisiens, désormais réservés aux familles assez riches pour y acheter une concession perpétuelle.

Chacun comprend que ce n'est là que du provisoire; mais combien de temps ce provisoire durera-t-il encore? Le public recherche les causes de l'inaction du conseil et de l'administration. Nous avons fait connaître la principale. Peut-être y en a-t-il une autre. L'administration ignore si le troisième conseil municipal élu se croira lié par le vote des précédents, et si les créations de cimetières parisiens ne seront pas l'an prochain l'objet d'un débat remettant tout en question.

La crémation a bien un certain nombre de partisans au sein du Conseil; mais tous comprennent qu'on ne peut heurter de front les habitudes, et, si l'on veut, les préjugés de la population. D'autres ont demandé l'étude de procédés amenant assez rapidement la décomposition des corps pour que tout danger soit écarté du voisinage des cimetières, et pour permettre un plus fréquent renouvellement des tombes.

Tout cela ne donne pas aux sentiments des Parisiens envers leurs morts une satisfaction convenable. Méry est à 48 kilomètres de Paris. Les convois s'y rendront en passant d'abord par les gares mortuaires projetées dans les cimetières du Père Lachaise et de Mont-Parnasse. Un tronçon de chemin de fer les conduira de là au chemin de ceinture, d'où il seront dirigés sur la gare de départ projetée dans le cimetière de Montmartre. De Montmartre à Méry, le voyage se fera, partie sur des tronçons spéciaux, partie sur la ligne du Nord, sans toutefois rencontrer de trains de voyageurs. Une réduction de prix sera accordée aux personnes accompagnant les convois. Mais si peu qu'il en coûte, il y aura toujours près d'une journée employée à l'aller et au retour, et des dépenses obligées. D'un autre côté, l'administration des pompes funèbres, ayant double cérémonie à organiser par suite du transbordement des corps, élèvera nécessairement ses tarifs. Sans doute, comme aujourd'hui, les enterrements pauvres n'entraîneront aucune dépense pour les familles, sauf cependant les frais de voyage des assistants. Par suite de ce nouvel impôt sur la mort, les visites aux cimetières, déjà moins fréquentes, disparaîtront rapidement de nos mœurs. Nous ne jugeons pas la question, nous la posons.

On nous permettra de résumer en quelques mots l'opinion émise à ce sujet en 1874, dans le Conseil municipal, par l'auteur de ce petit livre. Il avait demandé pour la création de dix ou vingt cimetières (un par arrondissement ou tout au moins un pour deux arrondissements), l'utilisation de la zône de servitude qui confine aux glacis extérieurs de l'enceinte de Paris, et où plusieurs cimetières de la banlieue existent déjà depuis longtemps. Les objections du génie militaire n'étaient pas absolues : elles le seraient encore moins aujourd'hui, la défense de Paris étant portée beaucoup plus loin. Le génie demandait seulement que les concessions à perpétuité ne fussent pas accordées dans ces cimetières. Mais les médecins, et ils ont toujours été nombreux au conseil, affirmèrent qu'on reporterait simplement le danger à quelques centaines de mètres de son siége actuel. Oui, répondions-nous, si l'on conserve le mode d'inhumation en usage ; non, si l'on fait appel à la science pour trouver les moyens, non pas d'une combustion immédiate des corps, mais simplement ceux d'une décomposition rapide. En créant de petits cimetières aux portes de Paris même, on aurait maintenu dans la population son respect traditionnel pour ses morts, sans exposer les vivants à des chances plus ou moins sérieuses de maladie. On pouvait d'ailleurs, par des plantations nombreuses entourant ces cimetières et les voilant à la vue du voyageur, obtenir ce double avantage de les assainir plus complétement encore, et de doter Paris d'une ceinture de verdure dont l'aspect eût fait disparaître ce triste cordon de ruines et de vieilles carrières qui constitue la zône de servitude militaire.

L'idée d'une nécropole pour la rive gauche est-elle abandonnée sans retour? La proposition faite par les créateurs de la ligne de Baune-la-Rolande à Paris de mettre cette ligne, entre Wissous et Paris, à la disposition spéciale de la Ville, pour les convois funèbres, a été écartée une première fois par le Conseil. Les habitants de la rive gauche préféreraient pourtant ce projet, faute de mieux, à celui de Méry.

Selon les prévisions du budget de 1879, et en raison même des retards apportés à l'ouverture du cimetière de Méry, la ville tirera de ses cimetières, des anciens où elle délivre toujours des concessions à perpétuité, et des nouveaux où l'on n'admet que des concessions temporaires, une recette nette de 1 145 000 francs. Le produit brut s'élèvera, en effet, à 2 278 000 fr. environ, dont 1 240 000 francs pour concessions à perpétuité, et 480 000 francs pour concessions à temps. Il faut ajouter à ces recettes la taxe d'inhumation, que la ville perçoit aux mairies, et qui varie de 6 à 40 francs par mort, selon la classe des frais de convoi. Cette taxe produira 380,000 francs. Les exhumations et inhumations venant du dehors produiront 178,900 francs environ.

De ce produit brut de 2,278,000 francs, il faudra déduire les dépenses suivantes : 400,000 francs environ pour traitements des nombreux agents des cimetières et pour l'habillement des gardiens ; 250 000 fr. de taxe d'inhumation payée par la Ville aux pompes funèbres pour les enterrements gratuits, à 5 francs par mort, 191 600 francs aux soixante et onze médecins chargés de la constatation des décès, et aux huit médecins inspecteurs de ce service ; 165 000 francs de frais d'entretien des cimetières ; 50 000 francs pour plantations ; 10 000 francs pour l'entretien de l'établissement de la rue Curial, à la charge de la Ville, qui en est propriétaire, et enfin 58 000 francs de dépenses diverses. Ces dépenses, se totalisant par 1 133 000 francs, laissent, comme nous l'avons dit, un produit net de 1 145 000 francs.

Nous ne pouvons terminer ce chapitre sans parler de l'organisation des pompes funèbres, et de l'impôt considérable que cette administration prélève sur les familles, au profit des fabriques et consistoires. Pour bien comprendre la situation, il faut se reporter à la législation qui régit encore aujourd'hui les enterrements, c'est-à-dire au décret du 23 prairial an XII. Voici ce que dit l'article 22 de ce décret : « Les fabriques des églises et les consistoires jouiront *seuls* du droit de fournir les voitures, tentures, ornements, et de faire généralement toutes les fournitures nécessaires pour les enterrements, et pour la décence et la pompe des funérailles. » L'article ajoute qu'ils pourront faire exercer ou affermer ce droit, après approbation et sous la surveillance des autorités civiles.

L'article 23 dispose que le produit des sommes provenant de l'exercice ou de l'affermage de ce droit, sera consacré à l'entretien des églises, *des lieux d'inhumation*, et au payement des desservants.

De ces deux articles découle l'organisation actuelle des pompes funèbres. Les fabriques et consistoires confient les services funèbres soit à un adjudicataire ou fermier, soit à un régisseur. Dans les deux cas, le monopoleur des services funèbres en touche les bénéfices, qui sont ordinairement de 60 pour 100 de la recette brute, et qui vont en augmentant, car en 1874, le produit net a été de 1553000 francs, et l'année suivante il s'est élevé à près de 2 millions, somme assurément dépassée depuis.

Quand un citoyen meurt, que les formalités de l'acte de son décès sont accomplies, et que sa famille a payé à la Ville la taxe d'inhumation, il n'appartient plus à la société civile : c'est la société religieuse qui s'en empare : le cercueil, le corbillard, les tentures, c'est-elle, et elle seule, qui les fournit, selon ses habitudes et son tarif. Et comme les bénéfices de ce monopole appartiennent exclusivement aux cultes officiellement reconnus, il en résulte que celui qui n'a professé dans sa vie aucun de ces cultes est cependant obligé de les rétribuer. C'est un état de choses assez blessant pour la conscience humaine, et contre lequel le Conseil municipal de Paris proteste à chaque session de budget. Le 1er mars 1877, il a émis le vœu (ne pouvant faire plus), que le préfet de la Seine se concertât avec l'autorité supérieure pour faire un réglement des pompes funèbres dans lequel les services civils et religieux seraient entièrement distincts ; où la partie du cérémonial étrangère aux cultes serait confiée à un adjudicataire qui prendrait à sa charge les convois de pauvres gens, et prélèverait sur les autres un tarif compensateur, et où enfin les fabriques et consistoires ne se feraient payer que le cérémonial religieux.

Ce vœu si légitime sera-t-il entendu du législateur ? A Paris, ou les enterrements civils passent peu à peu dans les mœurs, les fabriques consentent à tendre les maisons mortuaires, pour les convois de ce genre, d'ornements où une étoile remplace la croix; mais elles n'en font pas moins payer le tarif tout entier, c'est-à-dire des services qu'on ne leur a pas demandé. Pour se dédommager un peu de cette tolérance, elles oublient de consacrer une partie de leur bénéfices, comme le veut cependant la loi, à l'entretien des lieux d'inhumation.

Pour voir réaliser à cet égard quelques réformes, il faut attendre patiemment que la question de Méry-sur-Oise soit résolue. Il y aura à ce moment des tarifs à refaire, une adjudication nouvelle du service, peut-être une réorganisation dans le sens indiqué par le vœu du Conseil municipal, qui en cette circonstance a été l'interprète fidèle des sentiments de l'immense majorité, qui estime que chacun doit payer son culte, et non celui des autres.

CIRCULATION. — VOIE PUBLIQUE. — ÉCLAIRAGE.

Le pavé de Paris. — Les trottoirs. — Les refuges. — Balayage. — Arrosement. — Les voitures. — Tramways. — Omnibus. — Petites-voitures. — Compagnie du gaz.

Les services chargés de pourvoir à la liberté et à la sûreté de la circulation dans Paris embrassent à la fois :

L'entretien des voies publiques existantes, au point de vue du pavage, de l'empierrement, du bitumage des chaussées et des trottoirs, entretien confié au service spécial dit de la *voie publique ;*

Le percement des voies nouvelles, le nivellement ou l'alignement des anciennes. (Ce chapitre, du ressort de la *voirie* proprement dite, ne figure ici que pour le pavage et les trottoirs nouveaux).

Le balayage et l'arrosement de toutes ces voies, anciennes et nouvelles ;

Leur éclairage ;

Et enfin la surveillance des véhicules de transport des personnes et des choses, et notamment des voitures publiques.

Tous ces services sont dirigés par l'un ou l'autre des deux préfets, en raison de leurs attributions respectives, et contrôlés par le Conseil municipal. On verra que ce contrôle n'est pas une petite affaire.

Pavage et empierrements. — La superficie des voies pavées de Paris était, en 1877, de 5 900 000 mètres carrés, celle des chaussées empierrées de 1 808 000 mètres.

La conservation de ces dernières exige une grande abondance d'eau, ce qui explique ces arrosements que tous les cinq ou six jours on voit exécuter de grand matin, par tous les temps, avant que les balayeuses mécaniques viennent faire leur office. Notons en passant que ces machines, dont le coût est d'environ 1000 francs, font le travail de dix balayeurs.

L'empierrement des chaussées, et leur entretien surtout, comme nous venons de l'expliquer, coûtant fort cher, on a successivement adopté, par économie, le système des chaussées mixtes, dont le milieu est en empierrement, et les deux revers en pavé. Sur les ponts et dans les voies étroites, les empierrements sont supprimés désormais.

Quant aux trottoirs, il est utile de faire connaître à ce propos dans quelles conditions s'opère leur établissement. Pour les trottoirs en granit, la Ville rembourse au propriétaire qui les fait établir un tiers de la dépense. Mais elle ne rembourse qu'un sixième pour les trottoirs en bitume. Une fois faits, la Ville se charge de l'entretien.

Dans certains cas cependant, et lorsqu'il s'agit de rues non pavées ou pavées irrégulièrement, la Ville fait supporter, aux propriétaires riverains, la dépense qu'aurait entraîné le pavage des revers, ce qui équivaut à plus de moitié des frais d'établissement du trottoir.

Sous ce titre général : *Voirie de Paris*, sont comprises les opérations suivantes :

1° Création de nouvelles voies. Plans d'alignement et de lotissement. Enquêtes et déclarations d'utilité publique. Acquisition et revente d'immeubles. Préparation des traités et cahiers des charges.

2° Permission de bâtir et surveillance de l'exécution. Délivrance des alignements et nivellements. Autorisation de saillies sur les alignements. Clôture des terrains vagues. Numérotage des maisons. Service des carrières sous Paris (devenu très-difficile en raison de la disparition des plans incendiés en 1871).

3° Maintien de la salubrité par le bon état des maisons et des voies qui y accèdent.

Voici quelques détails utiles à propos de ces trois chapitres :

On sait que tout constructeur de maisons, avant de se mettre à l'œuvre, doit demander l'alignement et le nivellement de la voie publique où il bâtit, et se conformer aux indications qui lui sont données par l'administration.

Les saillies fixes ou mobiles doivent être également l'objet de permissions.

Toutes les constructions que renferme la Ville, sans exception, sont soumises aux prescriptions du décret du 26 mars 1852 sur les rues de Paris. La hauteur des bâtiments (maxima de 20 mètres), la surface des cours intérieures, celle des courettes (petites cours), sont réglées par un décret du 18 juin 1872. Les constructions en pans de bois ne sont autorisées que dans certains cas ; l'établissement des fosses d'aisance est soumis à des règles administratives très-sévères.

Enfin l'administration peut toujours s'assurer de l'état des constructions anciennes, au point de vue de la sécurité publique, obliger le propriétaire à faire exécuter les travaux urgents, et interdire l'habitation si cela est nécessaire.

Les fosses d'aisances ne peuvent être ouvertes ou refermées qu'après visite de l'autorité.

Les logements insalubres peuvent également être interdits comme habitation, s'ils ne sont pas susceptibles d'assainissement.

Les façades des maisons doivent être nettoyées une fois tous les dix ans au moins.

Les étaux des bouchers et des charcutiers doivent être établis dans des conditions déterminées.

L'entretien des chaussées de la voie publique, à lui seul, figure au projet du budget de 1879 pour une somme de 7603 000 francs. A quoi nous ajoutons 900 000 francs de pavages nouveaux, 1 313 000 francs pour l'entretien et la réfection des trottoirs. Ce qui, avec les 690,000 francs que touchent les ingénieurs et les agents spéciaux de ce service, donne un total de 10 millions et demi environ.

Mais comme un certain nombre de ces voies publiques sont considérées à bon droit comme le point de départ de routes nationales ou départementales, en attendant que l'on ait déterminé nettement quelles sont les voies à la charge de l'État (décret du 23 juin 1860), l'État contribue chaque année pour 3 millions à la dépense, et le département pour 400 000 francs. Les particuliers, de leur côté, rembourseront en 1870 pour 950 000 francs environ de travaux à leur charge, et les compagnies du gaz et des eaux payeront 160 000 francs pour les mêmes motifs. Cela fait 4 millions et demi à déduire des 10 millions et demi cidessus.

Il existe encore à Paris un trop grand nombre de rues, surtout dans la partie annexée en 1860, qui manquent de pavés, de trottoirs, d'eau et de gaz. Ces rues, pour la plupart non classées, restent dans ce triste état parce que leurs propriétaires, souvent peu aisés, ne peuvent s'entendre pour payer la dépense. La Ville leur accorde cependant la faculté de payer par annuités le premier établissement, après quoi elle se charge de l'entretien. Mais, nous le répétons, il reste beaucoup à faire sous ce rapport dans l'ancienne banlieue.

Nettoiement. — Balayage. — Arrosement. — Enlèvement des immondices. — Ces services sont opérés par des cantonniers et des ouvriers dont une partie ne fait qu'une demi-journée, de trois ou quatre heures du matin, selon la saison, jusqu'à dix heures.

L'autre partie travaille jusqu'à quatre heures de l'après-midi, et fait par conséquent la journée entière. Le personnel s'élève à trois mille cent vingt hommes et femmes. Les balayeurs et balayeuses, dits auxiliaires, ne font que la demi-journée du matin. Les femmes ont un salaire de 1 fr. 20 ; les hommes reçoivent 1 fr. 50 ou 1 fr. 75. Ce prix a été récemment augmenté de 2 centimes par heure.

Les cantonniers de ces services sont payés au mois ; de 105 à 110 francs pour les cantonniers chefs, de 86 à 90 francs pour les autres. On les oblige de verser 5 francs par mois à la Caisse d'épargne, et 2 francs à une Société de secours mutuels.

L'arrosement de la voie publique se fait à la lance avec des tuyaux articulés, se dévissant sur une bouche d'eau sous-trottoir ou au tonneau. 2 330 000 mètres carrés environ sont arrosés à la lance, qui coûte moitié moins que l'arrosage au tonneau. Par ce dernier mode, on arrose, au moyen de 350 tonneaux environ, 6 173 000 mètres.

L'enlèvement des immondices a été confié par voie d'adjudication à une dizaine d'entrepreneurs qui opèrent dans un ou plusieurs arrondissements. Ce service, qui donnait autrefois une recette, est maintenant l'occasion d'une dépense estimée à 710 000 francs pour l'année 1879.

Le balayage et l'arrosement de la voie publique entraîneront en 1879 une dépense de 5 450 000 francs, y compris 307 000 francs pour la direction et la surveillance de ce service, qui emploie un très-grand nombre de pauvres gens, hommes et femmes.

Cette dépense se trouve diminuée par le produit de la récente taxe du balayage, estimé pour 1879 à 2 600 000 francs. Cette taxe a été l'objet de beaucoup de critiques plus ou moins méritées. Elle a cependant ses avantages, dont le plus incontestable est d'assurer un nettoiement autrefois confié par les propriétaires ou les locataires, moyennant finance, à des Compagnies qui s'en acquittaient avec assez d'inexactitude, et s'attiraient une foule de procès pour contravention. La Ville, de son côté, chargée du nettoyage des chaussées, pouvait, en augmentant un peu son personnel, faire balayer les trottoirs et réaliser sur l'ancien système une économie au profit de son budget. Car il avait été convenu que la nouvelle taxe ne dépasserait pas, comme dépense, ce que touchaient autrefois les compagnies privées. Malheureusement, et c'est le seul défaut du nouveau système, certains contribuables ont vu cette taxe dépasser de beaucoup leurs dépenses antérieures de balayage. A la suite de nombreuses réclamations, le Conseil municipal a obtenu de l'administration qu'un nouveau tarif, combiné avec un nouveau classement des quartiers, serait mis en vigueur à partir du 1er janvier 1879.

Éclairage. — Jusqu'au milieu du seizième siècle, toutes les ordonnances, royales ou autres, prescrivant un éclairage quelconque, si primitif qu'il soit, de la voie publique, étaient oubliées au bout de quelques jours. Le Parisien s'en tenait, comme aujourd'hui dans nos villages les plus arriérés, à la lanterne individuelle. Les malfaiteurs avaient beau jeu.

Un arrêt du Parlement, du 29 août 1558, prescrit de placer des lanternes allumées au coin de chaque rue, mais l'hiver seulement, et de dix heures du soir à quatre heures du matin, aux frais du riverain. C'était encore trop demander à nos ancêtres : l'arrêt tomba bientôt en désuétude.

En 1594, une ordonnance de police établit, comme *charge foncière*, l'obligation d'établir des lanternes dans chaque section de quartier, de novembre à février.

Soixante-seize ans plus tard, en 1617, c'est du 20 octobre au 31 mars que l'on exige cet éclairage. Progrès lent, comme on le voit.

En 1704, le service de l'éclairage, dans les mêmes conditions, est fait par l'État. Mais en 1774, il devient permanent, et on y consacre, pour tout Paris, huit cents lanternes !

En 1780, le progrès des lumières exige mille deux cents reverbères.

Enfin, en l'an V (on voit que la Révolution a passé par là), on compte à Paris quatre mille cent douze reverbères.

C'est en 1824 seulement que l'éclairage au gaz fit modestement son entrée en scène, et en 1855, six compagnies co currentes, mais opérant chacune dans un périmètre distinct, vendaient le gaz aux Parisiens et à leur municipalité.

Le 23 juillet 1855, le monopole de l'éclairage public et privé fut concédé à la Compagnie qui l'exploite encore aujourd'hui, à des conditions qui ont été modifiées en 1861, à la suite de l'annexion.

L'éclairage de la voie publique, (on y consacrait près de 40 000 becs avant l'ouverture de l'Exposition) celui des halles, marchés, et établissements municipaux de toute nature, sont estimés en dépense, pour 1870, à 5 800 000 francs.

Nous verrons, lorsque nous aurons à examiner les ressources financières de la Ville, que celle-ci reçoit annuellement, de la Compagnie du gaz, une somme de 8 millions, et que par conséquent son éclairage, loin de lui coûter, lui procure une recette surabondante de 2 200 000 francs. Le public industriel et commercial ne s'en plaint pas moins de subir, par la cherté relative du gaz, un impôt municipal déguisé, et nous n'oserions dire qu'il a tort.

—

Il nous reste encore à examiner, en fait de services relatifs à la sûreté de la circulation, celui de la surveillance des voitures, qui entraîne une dépense de cent et quelques mille francs par an, sans compter les gardiens de la paix qui remplacent les anciens employés des bureaux de stationnement, et dont le salaire figure au budget de la Préfecture de police. Un petit historique des omnibus, des tramways, et de la Compagnie des petites voitures, est ici nécessaire.

Les omnibus. — Depuis le 1er janvier 1861, la Société anonyme dite Entreprise des omnibus est liée à la Ville de Paris, pour cinquante années, c'est-à-dire jusqu'au 31 mai 1910, par un traité dont nous résumons les points importants :

La Compagnie possède le droit exclusif de faire circuler ses voitures sur la voie publique, dans l'enceinte de Paris, et entre Paris et Courbevoie, ainsi qu'entre Paris et Vincennes, avec faculté de stationnement.

Cette concession ne fait pas obstacle, d'une part, au droit du *gouvernement* d'autoriser soit toute autre entreprise de transport usant de la voie ordinaire, soit l'établissement de nouvelles voies ferrées ; d'autre part, à l'établissement de voitures pour la banlieue, traversant Paris sans y stationner et sans y prendre de voyageurs.

La Compagnie doit maintenir dans l'enceinte de Paris ses établissements de toute nature, sauf 700 chevaux qu'elle entretenait déjà au dehors.

En cas de gelée, la Compagnie doit fournir à la Ville, pour l'enlèvement des neiges et glaces, et pour répandre du sable, cinquante tombereaux par jour, attelés de deux chevaux, conduits par un charretier [1].

1. Depuis que nos pompiers se sont enfin décidés à se servir des pompes à vapeur, la Compagnie s'est engagée, moyennant 10 000 fr. que lui verse chaque année le budget de la Préfec-

Le préfet de la Seine, après s'être concerté avec son collègue, après avoir *consulté* le Conseil municipal et entendu la Compagnie, aura toujours la faculté de modifier la direction des lignes, leurs points de stationnement, le nombre des voitures y affectées, les intervalles des départs, la durée du trajet, le service des correspondances, et d'ordonner la création de nouvelles lignes, ou de nouvelles correspondances.

Dans la même forme, la Société pourra être requise d'établir des services spéciaux, soit pour les dimanches et jours de fête, soit pour la sortie des théâtres, soit enfin des services spéciaux à 15 centimes pour toutes places, entre les points qui lui seront indiqués et dans les conditions qui seront déterminées.

Le traité fixe le prix des places à 30 centimes pour l'intérieur et à 15 centimes sur l'impériale. Quant aux conditions financières, on les connaîtra tout à l'heure.

Faisons d'abord remarquer au lecteur que dans cette grave question des omnibus, le Conseil municipal n'a pas de votes à émettre : il est simplement consulté ; il n'a pas d'autre action. Si donc certains progrès possibles ne se réalisent pas, c'est à la légalité, non à lui, qu'il faut s'en prendre.

Constatons ensuite que le monopole concédé à la compagnie (car c'est bien un monopole) n'est pas

ture de police, à fournir les chevaux, harnais et conducteurs nécessaires à ce service.

sans compensations, et qu'il est plus que douteux que la liberté lui soit préférable, tant que Paris sera, comme il l'est aujourd'hui, dans sa période de formation. Certaines lignes *imposées* à la compagnie n'auraient pas été créées par l'industrie privée : les quartiers excentriques ne seraient pas desservis, parce que les recettes des premières années n'auraient pas couvert les frais.

Ces atténuations du monopole ont été indiquées assez souvent, du reste, pour que nous n'ayons pas à insister.

Toutes les voitures publiques paient à la Ville un droit de stationnement. D'après son traité, la compagnie des omnibus paye d'abord chaque année un million, à forfait, pour 500 voitures à 2000 francs par an. Elle payera en sus (prévision du budget de 1879), pour 147 voitures circulant toute l'année à 1500 francs par an, 200 500 francs, et pour 13 voitures ne roulant que pendant six mois, à 740 francs l'an, 9750 francs. Total pour 660 voitures-omnibus, 1 230 250 francs, plus 10 000 fr. environ pour omnibus de chemins de fer, etc.

Mais outre ses voitures ordinaires, la compagnie a maintenant en circulation 257 omnibus-tramways, pour lesquels elle paye 543 000 et quelques francs.

Ce qui porte à près de 1 784 000 francs la redevance de la compagnie envers la Ville, sans compter les droits d'octroi prélevés sur les fournitures nécessaires aux établissements que le traité maintient forcément dans Paris, et les impôts divers sur les immeubles qui les renferment.

Le traité en question parle bien d'un supplément de redevance que devrait encaisser la Ville. « Si le dividende à répartir entre les actions excède 8 pour 100 de la valeur des actions capitalisées à 875 francs, soit 70 francs, cet excédant sera partagé par moitié entre la Ville et la société. »

Hélas! cet alea ne s'est pas encore réalisé. Un moment on a pu croire que certaine société dite du *factage parisien*, greffée sur la compagnie des omnibus, malgré les sages avis du Conseil municipal, allait faire monter les revenus de cette dernière au taux espéré pour l'encaissement du supplément de redevance ; mais le factage parisien, à la suite de spéculations plus que malheureuses, est peut-être mort à l'heure présente. Espérons que le succès des omnibus-tramways, obtenu de la compagnie presque contre son gré, permettra quelque jour à la ville de Paris de partager l'excédant, toujours attendu, des dividendes de la compagnie des omnibus.

Nous venons de parler des tramways-omnibus ; il nous reste à dire ce que rapporte à la Ville le stationnement des voitures tramways des compagnies du réseau nord et du réseau sud. Le nord payera 157 000 fr. pour 81 voitures réparties sur neuf lignes, et le sud 156 000 francs pour 108 voitures circulant sur onze lignes.

Une petite explication sur la différence d'origine

qui existe entre les tramways et les autres modes de transport. Pour la compagnie des omnibus, la partie de ses tramways qui ne sort pas de l'enceinte de Paris a été créée par une simple modification du modèle des voitures et du mode de traction, modification que la Ville pouvait autoriser sans intervention du gouvernement.

Mais pour les autres tramways, l'origine n'est pas la même. C'est le gouvernement qui en a fait la concession, les considérant comme des lignes ferrées. Ainsi la compagnie des omnibus a racheté l'ancienne concession accordée sous le second empire à M. Loubat, de Sèvres à Vincennes, et c'est l'État qui a accordé au département, en ces temps derniers, les concessions rétrocédées ensuite aux compagnies nord et sud.

—

L'histoire des Petites-voitures est pleine d'enseignements. Un décret de décembre 1862 avait concédé à la compagnie Ducoux le privilége exclusif du stationnement de ses voitures sur la voie publique. Le public se plaignait si vivement de ce monopole, qu'un autre décret de mars 1866 est venu le détruire de fait, en permettant la concurrence. La concession avait encore 47 années à durer. La compagnie résista, plaida, et par voie de sentence arbitrale, elle obtint qu'une indemnité annuelle de 360 000 francs lui serait payée..... par la Ville de Paris, pendant ces 47 années! soit près de 17 millions!

En 1879, nous n'en serons encore qu'à la quatorzième. Pendant trente-trois ans, les Parisiens payeront 1000 francs par jour l'avantage d'avoir vu tomber un monopole qu'il eût été si facile de ne pas créer.

Pour se consoler, il est vrai, la Ville touchera en 1879, 2445500 francs, prix du stationnement de 6700 voitures de place et mixtes à 365 francs par voiture et par an. Mais la société Ducoux lui payait aussi une redevance, et les éléments nous manquent pour apprécier si nos petits-enfants pourront rattraper quelque chose des 17 millions qu'auront payés leurs pères.

ALIMENTATION.

Les abattoirs. — Les halles et marchés. — Les entrepôts. La reconstruction du Bercy.

Il est désormais reconnu, d'une manière incontestable, que la meilleure garantie des approvisionnements d'une grande cité ne peut se trouver que dans une protection efficace de la liberté des transactions commerciales, dans le développement des moyens de transport, et dans une surveillance attentive à prévenir les fraudes, les altérations et les sophistications des denrées alimentaires [1]. Il a été prouvé que la liberté de la boulangerie et de la boucherie valaient mieux pour le public que les taxes du pain et de la viande, et qu'il n'était nul besoin d'imposer aux vendeurs de denrées quelconques l'obligation de les apporter sur tel marché plutôt que sur tel autre. Enfin, le dernier vestige de l'intervention de l'autorité en ces matières, l'institution des facteurs, a tout dernièrement disparu, en ce sens qu'elle reste purement

1. Un bureau spécial permanent vient d'être installé à la préfecture de police pour l'examen des denrées soupçonnées d'être l'objet d'altérations ou de falsifications. Son action aidera puissamment, nous l'espérons, celle de la Commission d'hygiène et de salubrité.

facultative, et que le vendeur peut prendre tel intermédiaire qu'il lui plaira de choisir.

Seules ont survécu à l'ancien état de choses les précautions préservatrices de l'hygiène publique, dont les abattoirs nouveaux sont la première expression. Au lieu de prescrire de grands approvisionnements, on a continué le système des entrepôts, qui permet au commerce de n'acquitter les impôts d'octroi qu'au fur et à mesure des ventes réalisées. Enfin, on a multiplié dans tous les quartiers des établissements aérés, bien abrités, où moyennant un modeste loyer, les vendeurs directs ou leurs intermédiaires sont mis en relations commodes avec les acheteurs. Nous ne croyons pas qu'aucune ville puisse égaler sous ce rapport les merveilles racontées par Emile Zola dans son roman populaire *le Ventre de Paris*.

En consacrant pas mal de millions à ses halles et marchés, abattoirs et entrepôts, la Ville de Paris a rendu à la population des services considérables, qui jusqu'à cette année, lui ont fourni en compensation des recettes assez élevées, puisqu'elles sont portées au budget de 1878 pour 16 422 000 francs. L'an prochain (1879) on ne prévoit plus, il est vrai, qu'une recette de 12 340 000 francs, mais la Ville retrouvera la différence dans les droits d'octroi qu'elle a perçus jusqu'ici aux Halles sur certaines denrées vendues à la criée, lesquelles seront désormais vendues à l'amiable, après avoir acquitté un droit fixe à la barrière. Les droits à percevoir dans les halles et marchés ne représenteront plus guère à l'avenir que le loyer ou droit d'*abri* des places occupées par les marchands ou leurs agents.

Ces importants services ont exigé du Conseil municipal un contrôle des plus attentifs, et c'est un des points sur lesquels de sérieuses réformes ont été opérées. De nombreux abus, des fraudes, des vols mêmes y étaient signalés, et il a fallu examiner et résoudre, pour les faire cesser, une immense quantité de questions de détail. Création de nouveaux emplacements, agrandissement des anciens, distribution nouvelle des places, révision des tarifs, tels sont les objets qui ont été le sujet des investigations les plus scrupuleuses de la commission des halles et marchés et du Conseil municipal. Les dépenses afférentes à ces services sont considérables : les agents des diverses perceptions municipales absorbent à eux seuls 550 000 francs de traitements, plus 44 500 francs, pour le matériel. Les régies intéressées de la resserre publique et du stationnement des voitures coûteront 176 000 francs au moins. Les abattoirs et le marché de la Villette entraîneront 188 000 francs de régie, de personnel et de matériel. Les dépenses de l'entrepôt de Bercy, tel qu'il existe actuellement, s'élèveront à 178 000 francs environ ; celles de l'entrepôt Saint-Bernard à 31 000 francs. Ensemble 1 167 000 francs, non comprises les dépenses du service de l'octroi aux entrepôts, et qui sont confondues dans le budget spécial de ce dernier service.

L'entrepôt de Bercy est, comme on le sait, à la veille d'une complète transformation, dont l'accomplissement entraînera peut-être un jour l'abandon ou une diminution sérieuse des services rendus par celui du quai Saint-Bernard. Les réclamations incessantes du commerce des vins, à la suite des inondations qui à diverses reprises ont affligé Bercy, la difficulté d'une surveillance sérieuse de la fraude dans l'état actuel des magasins, et un peu aussi les désirs d'expropriation de certains propriétaires, ont entraîné le Conseil municipal dans une voie de dépenses dont on ne connaîtra l'étendue que plus tard, et qui ne rempliront pas entièrement, quelques-uns le craignent, le but désiré. On sait qu'une somme de 40 millions a été réservée, sur le dernier emprunt, à la reconstruction complète de l'entrepôt de Bercy, à la surélévation de son sol, au relèvement de ses quais. On sait aussi que la grande voie intérieure qui de Grenelle aboutit en ce moment à la route d'Italie, par les rues du Transit, d'Alésia et de Tolbiac, doit se prolonger, à travers la gare des marchandises du chemin de fer d'Orléans, jusqu'à la Seine, sur laquelle un pont sera jeté en face du nouvel entrepôt. Jusqu'ici, tout s'est borné à l'expropriation des maisons enfermées dans l'enceinte de l'entrepôt, et que la Ville de Paris n'avait encore pu acquérir. On procède, avec une sage lenteur, à leur démolition, puis on passera au nivellement du sol par parties, de manière à ne pas trop gêner le mouvement des affaires. Le Conseil a voté en octobre 1877 l'appropriation de locaux et la construction de magasins provisoires pour tenir lieu des magasins à démolir pour l'isolement de l'entrepôt et la construction du groupe dit des alcools.

Quant aux travaux à faire et à leur coût présumé, rappelons qu'en décembre 1876, le Conseil a adopté un projet monumental, mais dont le devis s'élève à 37 millions. Si nous y ajoutons 18 629 610 francs pour l'acquisition des immeubles, plus 3 100 000 francs pour la part de la Ville (moitié) dans la construction du pont de Tolbiac et le relèvement des quais, nous dépassons la somme réservée par l'emprunt de près de 19 millions. Quelle est donc l'importance du commerce de Bercy, quels sont ses besoins reconnus, ses services rendus, pour justifier une mise de fonds aussi considérable?

Bercy a perdu, par son annexion à la Ville de Paris, a principale raison d'être : à cette époque un certain nombre de négociants qui y possédaient leurs magasins les ont transportés dans diverses localités de la banlieue ; le nombre de ces émigrants s'augmentera certainement lorsque les communications de voies ferrées seront plus nombreuses dans la banlieue. On objecte que Bercy est devenu un marché de tradition et d'habitudes ; qu'il est admirablement placé entre les gares de Lyon et d'Orléans, et en communication directe avec la navigation. Mais y restera-t-il assez de locataires pour fournir à la Ville un intérêt de 3 millions et couvrir en plus les dépenses de surveillance et d'entretien exigées par un aussi colossal établissement? Telle est la question que l'avenir aura à résoudre. Et comme nous le disions plus haut, l'entrepôt du quai Saint-Bernard pourra peut-être bien devenir à certain moment une superfétation.

Les abattoirs de la Villette et les Halles centrales ont aussi coûté des sommes fabuleuses ; mais, outre qu'on sait maintenant que la dépense aura été productive, elle se justifiait plus que toute autre au point de vue de l'hygiène publique et des services rendus à l'approvisionnement des objets de première nécessité.

ASSISTANCE PUBLIQUE.

Les hospices. — Les hôpitaux. — Les maisons de secours. — Les bureaux de bienfaisance. — Le traitement à domicile. — Villers-Cotterêts.

Faciliter le travail, encourager l'épargne, préparer la génération nouvelle, par une bonne instruction générale et professionnelle, à produire plus et mieux que la nôtre, et par conséquent lui créer une situation moins précaire, telle est l'œuvre capitale de la démocratie à notre époque. Mais nous avons encore dans le présent bien des misères à soulager, et le passé nous en a légué de plus nombreuses encore. Ces magnificences que nous avons admiré à l'Exposition de 1878, cette industrie si brillante dans ses résultats, ces grandes villes où les palais sortent de terre en quelques jours, tout ce luxe social dont nous jouissons, il est bon nombre de nos concitoyens qui l'ont payé de leur vie ; d'autres à qui il a fait une existence maladive et misérable, d'autres enfin qui s'y sont usés jusqu'à l'épuisement.

Cette société française si avancée, à son sens, en civilisation, fait-elle dans ses prodigalités une part suffisante à l'infortune ? Se donne-t-elle le luxe, vrai luxe cette fois, de ne pas souffrir de la souffrance d'autrui ? Pense-t-elle à créer un emprunt pour libérer son territoire de la misère comme elle l'a libéré des Allemands? Non : elle a conservé les traditions de cette aumône qui ne procède pas de la charité; sa main droite publie ce que donne sa main gauche, et pour elle les pauvres, loin d'être les puissances de la terre, comme l'enseignait le christianisme primitif, sont au contraire l'objet de son plus dédaigneux mépris, quelquefois même de ses insultes.

En sera-t-il encore longtemps ainsi? La Ville de Paris, son administration, son Conseil municipal, ont-ils à cœur de contribuer à ce qui serait le plus grandiose des embellissements de la capitale, Paris sans pauvres, par l'assurance d'un minimum de subsistance et d'asile pour tout être qui ne peut pas ou ne peut plus travailler. Ce serait alors que la République aurait des bases indestructibles. Le vieux vagabond ne pourrait plus demander : « Le pauvre a-t-il une patrie? » Et de proche en proche, l'institution s'étendant, la solidarité humaine serait autre chose qu'un mot sonore à l'usage des ambitieux vulgaires.

A cela nous pouvons répondre : Oui, le Conseil municipal de Paris s'émeut des effroyables misères qu'il côtoie chaque jour; oui, tous ceux qui le composent cherchent à les soulager de leur mieux. Oui, il en est parmi eux que ce douloureux problème préoccupe à ce point qu'ils voudraient voir les questions d'assistance publique au même rang que celles des écoles, et qui, soucieux de l'avenir de l'enfant, pensent que le malade, l'infirme, le vieillard, ne méritent pas moins de sollicitude. Ceux-là ont résisté de toutes leurs forces aux entrainements vers le beau, à l'amour du Parisien pour sa ville, aux nécessités politiques même qui conseillaient les grands travaux entrepris sous la République. Ceux-là cherchent en ce moment les moyens de substituer la charité véritable aux ostentations vaniteuses et impuissantes de l'aumône : ils veulent arracher des mains intéressées qui la détiennent et l'exploitent contre la République cette institution du passé, dominatrice, intolérante et réactionnaire qu'on nomme l'Assistance publique. Car cette vieille création, qui demande chaque année à la Ville de Paris de doubler son revenu insuffisant, est une institution en dehors de l'administration municipale, par conséquent à peu près libre de son action, et contre laquelle sont venues se briser jusqu'à ce jour toutes velléites de réforme et de progrès.

La loi qui régit provisoirement l'institution de l'assistance publique à Paris est celle du 10 janvier 1849. Ce service, confié à un directeur nommé par le ministre de l'intérieur sur la proposition du préfet de la Seine, a pour objet l'organisation des secours à domicile et celle des hôpitaux et hospices civils [1]. Le directeur a toute autorité sur les services, sous sa responsabilité. Il a la tutelle des enfants abandonnés, et aussi celle des aliénés. Il a auprès de lui un con-

[1]. On sait que l'*hôpital* est ouvert aux malades et l'*hospice* aux infirmes et aux vieillards.

seil de surveillance composé de vingt membres, dont deux seulement appartiennent au conseil municipal, et sont choisis sur une liste triple des candidats. Ce conseil dit de surveillance n'a d'autre droit que de donner son *avis* sur certains objets définis dans la loi. Il ne saurait donc avoir d'action sérieuse sur la direction. Seuls, les médecins, chirurgiens et pharmaciens des hôpitaux et hospices, nommés au concours, ainsi que ceux attachés aux secours à domicile, conservent vis-à-vis du directeur une certaine indépendance : ils ne peuvent être révoqués en effet que par le ministre de l'intérieur, et sur l'avis du conseil de surveillance.

La direction de l'assistance publique est trop récemment passée en de nouvelles mains pour qu'il soit dès aujourd'hui possible d'apprécier l'influence de ce nouveau choix sur l'institution elle-même.

En attendant, nous devons résumer comme suit les plaintes de l'opinion contre cette administration :

1° Les malades des hôpitaux sont généralement l'objet d'obsessions permanentes de la part des sœurs de charité, qui règnent bien plus en maîtresses dans ces asiles qu'en servantes du pauvre. Le dévouement incontestable, du reste, de ces religieuses, s'inspirant de la pensée de sauver des âmes, néglige parfois de songer aux corps, et son zèle aveugle ne lui permet pas de s'apercevoir que dans certains cas, les sermons entravent la guérison et peuvent même amener une terminaison fatale de la maladie. Quelquefois de graves conflits éclatent à ce sujet entre les communautés et le corps médical, et ce n'est pas toujours celui-ci qui l'emporte. Si les malades étaient tous, comme au moyen âge, de fervents catholiques, assurément le service des hôpitaux n'exciterait pas ces plaintes constantes; mais les populations, celle de Paris surtout, se désintéressent peu à peu d'une religion exclusive et intolérante, et veulent rester libres de jouir sur ces points, comme sur beaucoup d'autres, de toute liberté de conscience et d'action.

2° Les vieillards des hospices souffrent moins que les malades de la propagande religieuse entreprise par les sœurs. Mais celles-ci leur font subir, inconsciemment peut-être, toute une série d'humiliations. Elles ont fini par croire que le domaine charitable leur appartient exclusivement : il semble que ce soit avec leur argent que les pauvres sont secourus, et elles expriment ce sentiment avec une naïveté qui ferait sourire, si elles n'exerçaient pas de fait une autorité très-réelle sur les personnes et sur les choses. Dans les hospices où elles trônent (le mot n'a rien d'exagéré) les sœurs n'en prennent d'ailleurs qu'à leur aise : les travaux rudes ou répugnants sont faits par d'autres qu'elles : leur département est surtout celui des confitures et des admonestations.

3° Les maisons de secours des bureaux de bienfaisance, lorsqu'elles sont régies par des communautés, offrent les mêmes inconvénients, avec aggravation, cette fois. Ces distributrices des dons du public profitent de leur situation pour exercer sur les indigents, toujours au point de vue de leur propagande, une énorme pression. La population indigente, dans sa majorité, est dans leur dépendance, et le pauvre, déjà aigri par la misère, se démoralise complétement en arrivant par nécessité aux pratiques de l'hypocrisie.

Que faire pour remédier à ce que nous venons de signaler? Le conseil municipal vient récemment de créer à Bicêtre et à la Salpêtrière une école d'infirmiers et d'infirmières laïques, école professionnelle en quelque sorte, et qui nous paraît appelée à opérer quelque jour dans les services hospitaliers une véritable révolution. De son côté, le nouveau directeur de l'assistance doit établir, à l'hôpital de la rue de Sèvres, un service purement laïque. C'est un progrès; mais il a été décidé que le nouvel hôpital de Ménilmontant serait desservi par une communauté.

Peut-on laisser au cléricalisme le soin de veiller aux maladies du corps et au salut des âmes des catholiques avérés, conscients, dont on ne saurait assurément trop respecter les croyances? La Ville de Paris, de son côté, peut-elle offrir des asiles à tous ceux qui ne savent ni ne veulent mentir à leurs convictions de libres penseurs?

Ce serait peut être faire la part trop belle à ces fanatiques qui tendent de plus en plus à séparer la société française en catholiques et en mécréants, qui veulent catholiciser toutes les sciences, y compris la science médicale. La société moderne a le droit et le devoir de défendre les citoyens pauvres contre ces idées d'un autre âge.

Le Conseil municipal a récemment agité la question d'une réorganisation nouvelle de l'assistance publique; mais les difficultés sont grandes. L'Assistance publique possède une dotation qui lui est propre, et dont une partie, provenant de dons et legs antérieurs à la Révolution, a été fournie par de fervents catholiques. Ce qu'elle a reçu depuis porte encore en partie le même caractère. A côté de cela, elle demande à la Ville de Paris le complément de ce qui lui est nécessaire pour subvenir à tous les besoins des pauvres, et ce complément, à peu près égal à ce qu'elle tire de son propre fonds chaque année, est fourni par les citoyens, dont les tendances, en matières religieuses, sont loin d'être favorables au cléricalisme qui se révèle dans toutes les branches du service hospitalier.

Pour réorganiser l'assistance publique, il faut la mettre sous la main laïque, et pour cela renouveler en petit l'acte énergique de nos pères lorsqu'ils ont enlevé au clergé le soin de pourvoir aux besoins des pauvres, et transféré à la nation les vastes domaines qu'ils avaient accaparés sous ce prétexte. Ce n'est pas, on le voit, une petite affaire, dans cette dernière et suprême lutte contre le passé.

Il n'y a donc en réalité, dans l'état présent des esprits, portés aux transactions, que des demi-mesures à prendre. Le Conseil municipal voudrait voir passer aux mains de l'administration préfectorale, agissant au nom de l'État et sous son impulsion, tout le domaine régi par l'assistance publique, où le Conseil n'intervient absolument que pour donner des avis, alors qu'il réclame un droit de contrôle réel. Quelques améliorations deviendraient possibles : de regrettables conflits pourraient être adoucis ou évités; mais c'est tout ce qu'il serait permis d'espérer de ces demi-mesures.

L'assistance publique, considérée comme établissement public de bienfaisance, est sous *la tutelle* de l'administration, notamment en ce qui concerne la surveillance de la gestion des biens. Le préfet de la Seine, maire de Paris, est son intermédiaire auprès du Conseil municipal, lorsque celui-ci est appelé à donner un avis qu'on suit ou ne suit pas. Cependant, pour les aliénations d'immeubles, l'avis doit être *conforme*. *Les subventions* sont fixées par le Conseil. Le préfet, après *avis* du Conseil, règle les budgets des bureaux de bienfaisance, de la direction des nourrices et de l'asile Lambrecht, établissement privé que son fondateur a placé sous la surveillance de l'Assistance publique.

Reprenons notre exposé des critiques dirigées contre cette administration.

4° L'assistance publique, suivant en cela la tradition catholique, a la passion de la constructivité et de la propriété immobilière. Elle a édifié, elle édifie tous les jours, pour les humbles asiles de la pauvreté et de la souffrance, de fastueux monuments, de véritables palais, l'hospice d'Ivry par exemple, où, pour moitié moins, on eût logé les vieillards, et abrité les malades tout aussi convenablement. Et avec l'argent épargné, on eût amélioré le régime alimentaire des hospices, qui laisse un peu à désirer, on eût trouvé quelques secours à donner aux malades à demi-guéris qui sortent des hôpitaux; on eût grossi enfin la caisse des secours à domicile et plus largement doté celle des bureaux de bienfaisance. Il est vrai que l'ostentation de l'aumône reçoit une large satisfaction. « Voyez comme nous traitons nos pauvres! dit l'assistance publique, quels magnifiques édifices, quels promenoirs, quels beaux escaliers, quels grands dortoirs aux lits bien blancs, le tout bien frotté et bien ciré. » Et l'étranger de s'extasier!

On se garde de lui montrer les revers de la médaille : 43 662 ménages, composés de 113 317 individus, inscrits au commencement de 1878 au contrôle des bureaux de bienfaisance, autrement dit, un indigent sur dix-sept habitants. Sur ces 113 317 individus, on compte 38,477 femmes, 23,026 hommes, 25 207 filles au-dessous de quatorze ans, et 25 607 jeunes garçons.

Et quels ménages! 9935 ont deux lits dans une seule pièce, — 4563 en ont trois, — 1118 en ont quatre — 127 en ont cinq! Le loyer varie entre moins de 100 francs et 200 francs. 4128 logements sont éclairés par un chassis à tabatière, 1800 prennent jour sur un palier ou sur un corridor. Près de 5000 n'ont ni poêle ni cheminée!

Le budget spécial de l'assistance publique prévoit pour 1879 une dépense totale de 24 763 000 francs. Mais ses ressources propres ne s'élevant qu'à 12 723 000 francs, c'est un déficit de 12 040 000 francs que devrait combler, comme à l'ordinaire, la ville de Paris. Toutefois, en revendant des rentes 3 pour 100, l'assistance publique a pu réaliser un bénéfice qui lui permet de réduire sa demande de subvention municipale à 11 407 000 francs.

Parmi les ressources du budget spécial de l'assistance publique, nous voyons figurer :

Le droit des pauvres sur les spectacles, bals et concerts, pour 2 728 000 fr.

Le produit des bonis et bénéfices du Mont-de-Piété, pour 496 000 fr.

Le cinquième du produit des concessions dans les cimetières, pour 310 000 fr.

Nous ne pouvons que le répéter : les budgets de l'assistance publique sont insuffisants, et il est urgent d'y pourvoir. La population de Paris, si considérablement accrue, n'a pas vu augmenter dans la même proportion les moyens de secours dont elle disposait il y a vingt ans. En 1859, il y avait un lit d'hôpital par 164 habitants, et un lit d'hospice par 162. Elle n'a plus aujourd'hui qu'un lit d'hôpital par 235 habitants, et un lit d'hospice par 231 habitants. Il faut donc multiplier le traitement à domicile, qui vaut mieux d'ailleurs, et le secours d'hospice, pour les vieillards qui ont une famille.

D'un autre côté, il serait nécessaire qu'une disposition législative intervînt pour que la ville de Paris, si hospitalière, ne secourût pas *à ses frais* une foule d'habitants de la province qui viennent tenter, vainement le plus souvent, de s'y refaire une situation meilleure, et qui, tombés dans une misère profonde, frappent aux portes de tous nos établissements charitables. Il y aurait à rechercher dans quelles proportions les communes et les départements devraient contribuer à nos dépenses, en ce qui concerne les individus venus de tous les points de la France.

Outre cette question, il y a encore celle de la quotité des secours à domicile, pour lesquels l'assistance publique fournit 4 362 000 francs environ, dont 3 423 000 francs versés directement aux bureaux de bienfaisance des vingt arrondissements. Cette subvention, augmentée du produit des quêtes, bals, concerts, etc., organisés par les maires, est loin de soulager d'une manière efficace les innombrables misères dont nous avons parlé. Les secours, donnés avec plus ou moins de discernement, sont trop souvent dérisoires. Il y a des vieillards qui reçoivent 10 francs par an, des femmes auxquelles on donne de temps à autre quelques bons de pain ou de viande. On se demande si de pareils secours peuvent empêcher une famille de mourir de faim ou de misère.

Les conseillers municipaux, les maires, les membres des bureaux de bienfaisance, les commissaires de police, savent mieux que personne quelle est l'impuissance de l'administration en face de cette armée de faméliques, dont beaucoup n'ont pas mérité les rigueurs du sort qui les accable. Des milliers de vieillards pétitionnent pour entrer dans un hospice: sur de bonnes recommandations, quelques centaines prennent rang d'inscription, attendent leur tour, et souvent meurent de privations avant d'y entrer ou même en y entrant. De pauvres femmes passent de longues heures à faire des démarches sans cesse renouvelées pour recevoir la plus minime des aumônes. Beaucoup d'entre elles sont veuves ou abandonnées, et elles ont des enfants affamés, qui souvent vagabondent, et volent pour manger. Ce tableau est effroyable, et nous ne comprenons pas qu'un immense cri de détresse ne sorte pas de ces foules. Quant à nous, nous voudrions entreprendre une croisade véritable contre ce flot montant de la misère. Nous voudrions que la ville de Paris pût faire dans cette voie ce qu'elle fait pour son luxe, pour ses monuments, pour le bien-être de ceux de ses habitants qui ont la suffisante vie.

Nous ne demandons pour les malheureux, nous l'avons déjà dit, qu'un *minimum* de subsistance et d'asile. Nous le demandons pour tous sans exception, n'ayant pas à juger si l'être qui souffre ne doit pas ses souffrances à son ignorance, à son défaut de volonté, à ses vices même. Nous n'avons pas le droit de les condamner à la mort plus ou moins rapide qu'amènerait notre abandon.

Ce minimum, d'ailleurs, le département a été obligé de le créer sous forme de dépôt de mendicité, établi à Villers-Cotterêts, dans le département de l'Aisne. Naguère, on n'entrait là qu'après avoir passé par le tribunal correctionnel, à l'expiration des vingt-quatre heures de prison invariablement infligées à tout malheureux qui avait tendu la main pour mendier un sou. Aujourd'hui, le commissaire de police peut y envoyer directement le vieillard sans asile, sans famille et sans ressources. C'est un progrès. A la ville de Paris de faire mieux encore, car Villers-Cotterêts est une prison, prison douce, il est vrai, à l'air pur, à la promenade sous les arbres, mais d'où l'on ne peut sortir que deux fois par semaine.

Un dernier mot. Sans vouloir établir ce minimum comme un *droit* absolu pour ceux qui en ont besoin, nous pouvons bien le considérer comme un *devoir* impérieux de ceux qui ont le bonheur de n'avoir rien à demander à l'assistance publique. Que ceux-ci n'oublient pas d'ailleurs que les vieillards qui ont acquitté pendant de longues années les lourds impôts des octrois, pourraient se plaindre à bon droit de ce que ces impôts ont été employés, pour la plus grande partie, au profit des habitants les plus aisés.

ENSEIGNEMENT.

Statistique de l'enseignement. — Les colléges municipaux. — Les écoles communales gratuites, laïques et congréganistes. — Les salles d'asile. — Les caisses d'écoles. — Les cultes, leurs fabriques et leurs consistoires.

Les dépenses relatives à l'instruction primaire et aux écoles supérieures sont portées au budget de 1870 pour 11 361 200 francs. Il faut y ajouter 923 793 fr. pour le collége municipal Rollin, et pour les bourses délivrées par la ville, dans les lycées et autres établissements spéciaux, aux élèves méritants des écoles municipales primaires et supérieures. On trouvera plus loin une longue et intéressante statistique de tous ces établissements.

Le collége municipal Rollin couvre presque ses dépenses. Coûtant 751 400 francs pour 1870, y compris les bourses, il rapportera 743,000 francs.

La ville de Paris accordera l'an prochain pour 152 000 francs de bourses dans les lycées de Paris et au collége Rollin, en outre des bourses aux institutions des sourds-muets et des jeunes aveugles, à l'école centrale des arts et manufactures, à l'école normale d'institutrices, au collége Chaptal, et dans les écoles municipales supérieures.

Le service général de l'instruction primaire coûte

en personnel 61 700 francs; celui des salles d'asile 642 000 francs, plus 727 000 francs de loyers, mobilier, chauffage, éclairage, etc.

Le personnel des écoles primaires laïques et congréganistes entraînera une dépense d'environ 3 479 000 francs, et les frais matériels s'élèveront à 2 806 400 francs.

Les classes d'adultes (laïques et congréganistes) sont prévues en dépense pour 304 800 francs; l'enseignement du chant dans les écoles communales pour 152 700 francs; l'enseignement du dessin pour 515,600 francs.

Voici la dépense prévue pour les écoles supérieures. — Collége Chaptal, 1 129 700 francs, compensée et au-delà par 1 217 100 francs de recettes. — Ecole Turgot, 169 600 francs; dépense couverte à 20 000 francs près par la rétribution mensuelle des élèves. — Ecole Colbert, 132,000 francs de dépenses contre 99 000 francs de recettes. — Ecole Lavoisier, 131 900 francs, moins 85 900 francs de recettes. — Ecole J.-B. Say, dépensant 168 600 francs et rapportant 138 600 francs.

Si nous ajoutons un certain nombre de subventions et allocations diverses aux comités de délégués cantonaux, aux comités de patronage des salles d'asile, aux associations polytechnique et philotechnique, à diverses écoles d'instruction, de dessin, d'art décoratif, à l'école d'apprentissage, pour les frais de voyage des élèves des écoles supérieures pendant les vacances (récompenses aux lauréats), pour l'instruction gratuite des enfants appartenant à différents cultes, pour les distributions de prix en livres et en livrets de caisse d'épargne, nous arrivons au chiffre ci-dessus de 11 361 200 francs.

Les recettes de toutes natures, afférentes à ce chapitre, atteignent la somme de 2 513 931 francs. La gratuité de l'instruction donnée à la ville de Paris lui coûtera donc, en 1879, 8 847 270 francs.

Statistique de l'enseignement à Paris. — En 1867, d'après les chiffres relevés par M. Gréard, directeur de l'instruction primaire du département de la Seine, et sur une population donnée d'environ 296 400 enfants de 2 à 14 ans, 139 615 étaient inscrits dans les établissements d'instruction primaire, et 16 085 fréquentaient les salles d'asile.

Paris possédait alors, en fait d'écoles proprement dites, 414 écoles de garçons, 111 publiques et 303 libres. Les écoles de filles étaient au nombre de 957, dont 848 libres, et 109 publiques.

Il y avait en outre 37 salles d'asile libres et 83 salles d'asile publiques.

C'est dans ces établissements publics ou libres que se répartissaient les 155 700 enfants inscrits.

Le recensement de 1877, plus rigoureusement exact, donne le chiffre de 322 954 enfants, dont 113,190 de 2 à 6 ans. Sur ce dernier nombre, 26 718 enfants fréquentaient les salles d'asile, et sur 209 764 enfants de 6 à 14 ans, 168 729 étaient reçus dans les écoles et établissements publics d'instruction.

En 1877, les écoles de garçons étaient au nombre de 391, dont 141 publiques (augmentation, 30) et 250 libres (diminution, 53). Les écoles de filles se chiffraient par 867, dont 144 publiques (augmentation, 35) et 723 libres (diminution, 125).

En 1877, on comptait 110 salles d'asile publiques (augmentation, 27), et 36 salles d'asile libres (diminution, 1).

Ces divers établissements, en 1877, recevaient 195 447 enfants. Dans une période de dix ans, le nombre des enfants qui y ont été admis a augmenté de 39 747. Mais comme la population enfantine s'est élevée, dans le même temps, de 296 000 à 323 000, l'augmentation ne s'est pas portée entièrement, comme on pourrait le croire à première vue, sur des enfants à qui l'école était jusque là interdite, faute de place. On doit tenir compte des 27 000 enfants recensés en plus en 1877. Le résultat final n'en est pas moins très-satisfaisant, bien que nous ayons à relever dans tous ces chiffres un fait douloureux : la diminution du nombre des écoles libres.

On voit en effet que si les écoles publiques se sont augmentées en dix ans de 65, les écoles libres ont diminué de 178, et malheureusement cette situation ne fera qu'empirer, car de nouveaux établissements scolaires ont été créés depuis 1877 ; d'autres sont en projet, et l'on comprend aisément que le premier effet produit par l'ouverture d'une école gratuite, c'est la désertion de l'école payante qui l'avoisine. Il sera nécessaire, dans un temps prochain, de parer aux graves inconvénients qu'entraînerait la disparition des écoles libres, dont la plupart répondent mieux que les écoles municipales à certains sentiments de liberté morale et philosophique trop souvent froissés sous le régime des écoles municipales. L'esprit clérical, si absorbant, si dominateur, ne rencontre pas toujours, dans les écoles de la ville, la fermeté nécessaire pour résister à son envahissement. Tant que la loi lui permettra de s'introduire dans notre enseignement laïque sous prétexte d'instruction religieuse, il y aura péril en la demeure.

En attendant cette salutaire séparation, et en attendant également que nos écoles se soient assez multipliées en France pour que l'instruction puisse être déclarée obligatoire, le Conseil municipal de Paris a été au plus pressé : il a ouvert de nouvelles écoles et il en veut ouvrir partout où besoin sera. Il cherche à perfectionner le mode d'enseignement, à le rendre plus fructueux pour celui qui le reçoit, et pour la société dont il prépare les progrès futurs. Il a abordé l'essai des divers systèmes d'enseignement professionnel en fondant l'école du boulevard de la Villette et en encourageant celle de la rue Tournefort ; il prépare des écoles de jeunes garçons dirigées par des mères de famille (deux de ces écoles viennent d'être ouvertes dans le faubourg Saint-Martin et au boulevard Malesherbes), et des écoles de demi-temps pour les malheureux enfants que la misère oblige de travailler avant l'âge du développement physique. Il porte toute sa sollicitude vers ces concours à la suite desquels l'élève qui révèle de rares aptitudes peut être jugé digne d'une plus haute culture intellectuelle et scientifique, et par les bourses, il leur donne les moyens de produire et de mettre en évidence, au grand profit social, les facultés que l'instruction primaire a fait éclore et grandir. Les voyages de vacances aux frais de la ville sont une heureuse innovation qui mérite d'être notée.

En 1872, le Conseil municipal, parfaitement secondé, du reste, par l'administration, a créé ou réédifié 19 établissements scolaires nouveaux. Il n'en a élevé que 3 en 1873; mais 1874 en a vu surgir 20. Il n'y en a eu qu'un en 1875; mais en 1876, il en a été bâti 17, et en 1877, 4. Dès 1871, il y en avait eu 6.— Total, 70, à porter à l'actif du gouvernement républicain. De 1867 à 1877, le nombre des établissements nouveaux a été de 92, dont 30 écoles de garçons, 35 écoles de filles, et 27 salles d'asile. 13 établissements anciens ont été réédifiés.

Le mémoire de M. Gréard contient dans les plus grands détails tout ce qui se rattache à cette grande question de l'enseignement. D'après ses relevés, nos salles d'asile ont reçu, en 1877, 6525 enfants. 47 319 garçons et 42 198 filles recevaient l'enseignement dans les écoles publiques. Les écoles libres comptaient

23 456 garçons et 38 596 filles ; le collége Chaptal, les écoles municipales d'enseignement primaire supérieur (Turgot, Colbert, Lavoisier, J.-B. Say) et l'école libre du commerce, 1749 garçons. En y ajoutant 9101 enfants élevés dans les établissements libres d'enseignement secondaire, ainsi que dans les lycées et colléges ; on arrive au total de 168 944 enfants qui prennent part aux bienfaits de l'instruction. Or, le recensement de 1876 porte le nombre des enfants de 6 à 14 ans à 209 764. Resteraient donc 41 820 enfants non inscrits aux écoles, soit parce que quelques-uns sont élevés dans leur famille, ou que les familles sont assez peu soucieuses de l'avenir de leurs enfants, soit parce que bon nombre travaillent déjà de 10 à 14 ans, soit dans les manufactures, soit dans l'apprentissage d'un métier.

Pour ces derniers, la ville va ouvrir des écoles dite de *demi-temps*, où seront reçus les enfants de 10 à 12 ans, qui, aux termes de la loi, doivent fréquenter les écoles en dehors des six heures de travail qu'ils ne peuvent dépasser. La classe du matin aura lieu pour les enfants d'un sexe ; les autres iront à l'école l'après-midi.

Quant aux enfants de 12 à 15 ans, qui ne peuvent travailler plus de six heures tant qu'ils n'auront pas justifié, par certificat, d'une instruction primaire suffisante, ils ont été invités à suivre les cours d'adultes qui ont lieu le soir. L'invitation a été goûtée, car plus de moitié des auditeurs des cours du soir faits l'hiver dernier se composait d'apprentis des deux sexes.

Quelques écoles manquent encore de place pour recevoir les élèves inscrits, et dans certains quartiers, les établissements ne sont pas tous à proximité des familles. Encore deux ou trois ans, et comme nous l'avons dit, l'obligation pourra être facilement décrétée : la place ne manquera plus.

—

Les salles d'asile, si utiles comme préparation à un bon enseignement primaire, n'ont pas encore reçu tout leur développement. Mais chaque nouveau groupe scolaire (on nomme ainsi la réunion d'une école de garçons, d'une école de filles et d'une salle d'asile) reçoit un nouvel essaim d'enfants de 2 à 6 ans, et là, comme dans nos écoles, place sera faite à tous dans un court délai.

—

Il nous reste à parler de certaines parties de l'enseignement qui n'étaient pas comprises autrefois dans le programme de l'instruction primaire. Paris possède aujourd'hui 33 écoles spéciales de dessin d'art et 12 de dessin géométrique, indépendamment des leçons de dessin données maintenant dans toutes les écoles de garçons et de filles. Deux écoles supérieures semblables à celle établie par l'État rue de l'École-de-Médecine vont être installées place des Vosges et rue aux Ours.

Des classes de dessin sont établies dans les écoles subventionnées, pour les adultes femmes. Des leçons de couture et de coupe de vêtements sont données dans les écoles de filles. Des écoles particulières de dessin, spéciales pour diverses professions, sont chaque année l'objet d'encouragements financiers de la part de la ville. Cinq cours de comptabilité sont ouverts pour les femmes. Enfin, le Conseil municipal subventionne un certain nombre d'écoles professionnelles de dames.

—

Il nous reste à dire un mot des caisses d'école, sortes d'associations libres autorisées par la loi, et établies dans chaque arrondissement. Ces caisses, alimentées par les dons de leurs membres, ont pour but de compléter la gratuité de l'écolage en fournissant aux écoles les cahiers, les plumes et les livres nécessaires, d'encourager les élèves en ajoutant de nouveaux prix à ceux qui sont distribués lors des concours, de vêtir et de chauffer les enfants les plus pauvres, enfin de leur faire distribuer des aliments chauds, soit à prix réduit, soit gratuitement. Quelques critiques assez vives ont été dirigées, non pas contre ces caisses en elles-mêmes, mais contre la façon exclusive dont elles ont été composées, lors de leur création sous le second Empire. A cette époque, on faisait partout et à tout propos de la politique : les personnes appartenant à ce qu'on a nommé depuis les classes dirigeantes étaient à la tête d'une foule de petites institutions philanthropiques qui leur donnaient action (on le croyait du moins) sur les masses. Administrateurs des Caisses d'épargne et de retraite pour la vieillesse, membres de la société des prêts au travail, membres des bureaux de bienfaisance, délégués cantonaux pour l'instruction primaire, jurés d'expropriation, etc., étaient soigneusement choisis parmi les honnêtes gens, ce qui s'entendait en ce temps-là des gens aisés, et dévoués en même temps au gouvernement de l'époque. Or, ces petites associations ont continué, sous la République, de se grouper autour des maires, dont quelques-uns sont restés ceux de l'empire, ou sont rentrés en fonctions. De là une action sourde, mais continue, contre les institutions démocratiques. C'est pourquoi le Conseil municipal poursuit avec fermeté la refonte de ces associations, notamment des caisses d'école, en demandant que tout citoyen de bonne volonté puisse en faire partie, et en donnant à ces associations le droit de s'administrer par l'élection.

Les cultes.

L'avant-dernier recensement de la population accusait pour Paris 1 754 000 catholiques, 32 000 luthériens et calvinistes, et 23 500 israélites.

Le nouveau recensement, plus sage, n'a pas relevé

ces détails plus ou moins fantaisistes. Il faut cependant reconnaître qu'une très-grande partie de la population fait acte d'adhésion au catholicisme lors des naissances, des mariages et des décès de ses membres. Cette adhésion, qui n'est chez beaucoup de citoyens qu'un reste d'habitude et de tradition, est le grand obstacle à la séparation, si désirée cependant, des églises et de l'État.

La loi du 18 juillet 1837 déclare « *obligatoires pour* « *les communes* les secours aux fabriques des églises « et autres administrations préposées aux cultes dont « les ministres sont salariés par l'État, en cas d'insuf-« fisance de leurs revenus, justifiée par leurs comptes « et budgets. » C'est pourquoi les maires, à Paris comme ailleurs, sont membres de droit de ces conseils de fabrique et autres administrations préposées aux cultes.

Il ne faut pas oublier que les *fabriques*, constituées depuis 1810 par une sorte de délégation des personnes assidues aux pratiques des cultes, sont chargées de toutes les dépenses de ces cultes autres que les traitements accordés par l'État aux prêtres, aux pasteurs et aux rabbins. Les fabriques ont même la charge des reconstructions et des grosses réparations des églises et presbytères. Les dons des fidèles sont une de leurs ressources; mais la principale est le revenu des pompes funèbres, ainsi que nous l'avons expliqué précédemment en parlant de cette administration.

Le Conseil municipal a l'obligation de donner son

avis sur la création des nouvelles paroisses et synagogues, ainsi que des temples protestants, à raison des charges financières que ces créations peuvent entraîner pour la Ville.

La loi du 18 germinal an X ayant décidé que les édifices religieux existant à cette époque seraient rendus au culte, les communes, y compris Paris, sont devenues, par décret du 9 avril 1811, propriétaires des églises et presbytères, et, depuis 1830, des temples et synagogues situés sur leur territoire.

Nous venons de dire qu'aux termes de la loi communale du 18 juillet 1837, la ville de Paris, comme toute autre commune, n'est tenue de pourvoir aux grosses réparations, à l'entretien des édifices religieux qu'au cas où les ressources des fabriques seraient insuffisantes.

Mais comme cette insuffisance se manifeste de plus en plus, depuis surtout que l'argent des fidèles fait le voyage de Rome, la ville de Paris supporte de temps à autre de grosses dépenses pour ces propriétés dont elle ne tire, bien entendu, aucun revenu.

Le nombre des édifices religieux dont la Ville a charge d'entretien et de réparation s'élève à 113.

Paris a donc aussi son budget des cultes, dont le Conseil municipal se désintéresserait volontiers, s'il n'avait pour principe l'obéissance à la loi, quelque peu juste qu'elle lui paraisse. Voici dans quelles circonstances la Ville se trouve forcément en rapport avec l'élément clérical.

Tout d'abord, en sa qualité de propriétaire des édifices consacrés aux cultes, à l'exception des monuments tels que Notre-Dame de Paris, et des édifices élevés aux frais des croyants, la Ville a charge des grosses réparations à faire à des immeubles qui ne lui paient aucun loyer. Elle doit ensuite acquitter le loyer d'une église qui ne lui appartient pas, celle de Saint-Antoine des Quinze-Vingt. En vertu de la loi, elle doit aussi une indemnité de logement aux curés et desservants, aux pasteurs protestants et aux rabbins qui n'ont pas de locaux attenant aux édifices de leurs cultes, lorsque le budget de leurs fabriques prouvent que ces dernières ne sont pas en état de faire cette dépense. Tout cela, au surplus, n'engage pas énormément les finances de la Ville. Réparations à part, il s'agit d'une somme annuelle de 172 000 francs environ. Quant aux grosses réparations, la dépense est variable chaque année, et il s'agit en moyenne de 230 000 francs pour 1879.

Mais ce n'est pas tout. L'Empire, qui choyait beaucoup le clergé, lui faisait des cadeaux sous forme d'objets d'art : tableaux, sculptures, etc., et la tradition s'en est un peu continuée. Il y a eu autrefois des engagements pris, des commandes faites, payables par annuités. Ces engagements sont respectés; mais le Conseil municipal est décidé à s'arrêter dans cette voie, et à consacrer désormais son budget des beaux-arts à l'ornement de ses mairies et de son nouvel hôtel de ville.

Le Conseil municipal, du reste, a fait preuve de

tolérance et de bon vouloir en maintenant quelques dépenses qui ne sont pas obligatoires pour lui, telles que le modique traitement des employés assistant les aumôniers des dernières prières, et le logement de ces aumôniers, le tout s'élevant à 10 000 francs environ.

Il n'en poursuit pas moins de ses vœux la réforme d'une loi qui force une partie des contribuables à prendre part à des dépenses qui ne leur profitent point, et qui entraîne le Conseil à l'examen des comptes des fabriques. Les fabriques devraient, selon lui, pourvoir par les dons des croyants à toutes les dépenses des cultes, et n'avoir par conséquent de comptes à rendre qu'à l'association religieuse dont ils sont les mandataires.

LES SERVICES ADMINISTRATIFS.

Tous les services que nous venons d'énumérer, et quelques autres dont nous n'avons encore rien dit, exigent une direction centrale et des sous-directions d'arrondissement. La première est comprise au budget sous la dénomination de : Préfecture, mairie centrale; les secondes sous ce titre : Mairies d'arrondissement. Nous avons sommairement indiqué, au commencement de ce livre, le rôle de ces directions : nous allons dire ce qu'elles coûtent.

Mairie centrale.— Nous trouvons en première ligne les traitements et indemnités alloués aux employés et agents de la préfecture de la Seine. Ces employés étant à la fois au service de la ville et au service du département, ce dernier est appelé à payer une part de la dépense totale, soit 403 200 fr. sur 1 864 900 fr., ce qui laisse à la charge du budget municipal une somme de 1 461 700 fr. Le préfet, rétribué par l'État, ne reçoit de la Ville qu'une somme de 14 400 fr. pour l'entretien de ses chevaux et voitures : son secrétaire général a droit à une indemnité de 8000 francs. La commission de répartition des contributions directes absorbe 222 000 francs. Le receveur municipal touche 40 000 francs par an; ses agents et employés reçoivent ensemble 629 940 francs. Le matériel et les dépenses diverses pour l'intérieur de l'hôtel de ville (Luxembourg) exigent une dépense de 217 000 francs.

Mairies d'arrondissement. — Depuis 1702 jusqu'en 1789, Paris a été divisé en 20 quartiers.

En 1789, la population a été répartie en 60 districts; mais cette division a été remplacée l'année suivante par celle des 48 sections, dont l'histoire se rattache si intimement à celle de la Révolution.

Depuis vendémiaire an IV jusqu'à l'annexion du 1er janvier 1860, Paris a été divisé en 12 municipalités comprenant 4 quartiers.

Depuis 1860, il possède 20 mairies d'arrondissement, subdivisées en 80 quartiers.

Le service municipal de chaque mairie comprend : l'état civil (naissances, mariages, décès); les affaires militaires (recrutement, engagements, etc.); les élections (listes électorales et du jury, locaux électoraux, dépouillement, etc.); les affaires scolaires (admission des enfants aux écoles, distribution de prix, caisses d'école, délégations cantonales, etc.); l'assistance publique (bureaux de bienfaisance, secours, etc.).

Les justices de paix qui n'ont pas de local spécial sont établies dans les mairies, qui réservent également des locaux pour les commissions d'hygiène, la caisse d'épargne, les sociétés de secours mutuels, etc.

Les fonctions des maires sont gratuites; mais le service des vingt mairies coûte 1 138 700 francs d'appointements et indemnités payés aux employés. Viennent ensuite les dépenses d'impression, reliure, fournitures de bureau, celles du magasin scolaire, de la bibliothèque, des bibliothèques de mairies, les dépenses relatives aux élections de la chambre de commerce, à la tenue des assemblées électorales, aux conseils de prud'hommes, et à plusieurs autres dépenses d'ordres divers.

Le tout forme un total de 5 066 000 francs en chiffres ronds, dont à déduire les 403 200 francs à la charge du département, soit 4 662 800 francs.

On trouve ensuite au budget le chapitre des pensions et secours. La caisse des retraites et employés des services municipaux autres que l'octroi réclame une subvention de 525 000 francs (les retenues de 1879 n'étant estimées qu'à 555 000 francs, alors que les pensions à liquider dépasseront un million). Ce chiffre varie chaque année, en plus ou en moins; mais il est toujours considérable. La caisse des employés de l'octroi réclame aussi une subvention de 366 000 francs qui se confond dans les dépenses générales de ce service, et dont nous parlerons lorsque nous aurons à traiter ce chapitre dans la seconde partie de notre livre.

Nous mentionnons seulement pour mémoire un assez grand nombre de pensions, secours et allocations diverses sur lesquels le Conseil municipal statue séparément chaque année.

LA DETTE MUNICIPALE.

Les emprunts. — Les primes. — L'amortissement. — Rachats divers. — Indemnités.

L'énorme et rapide impulsion donnée aux travaux de Paris sous le second Empire (la fièvre de bâtisse et la soif de l'expropriation aidant) ne pouvait s'alimenter des ressources relativement modestes du budget municipal d'alors. Dès 1852 on entrait dans la voie dangereuse des ressources extraordinaires par un petit emprunt aujourd'hui amorti, et dont nous ne parlons que pour mémoire. Mais nous avons eu depuis :

1° L'emprunt du 2 mai 1855, divisé en 150 000 obligations remboursables à 500 francs, et dont l'amortissement est presque prochain (1er septembre 1897).

2° Celui du 1er août 1860, émettant 287 118 obligations également remboursables à 500 francs en 37 ans (même date d'amortissement que le précédent).

3° Celui du 12 juillet 1865, comprenant 600 000 obligations remboursables à 500 francs, comme les précédentes, mais offrant 4 pour 100, au lieu de 3. L'amortissement de cet emprunt ne sera complet qu'au 1er février 1929.

4° L'emprunt déguisé fait au Crédit foncier, en 1867 et 1868, d'un capital de 466 millions à peu près, sur lesquels la ville de Paris redevait encore au 1er février 1871, 313 322 324 francs 53 centimes, qu'elle rembourse depuis, avec intérêts et amortissement, sur le pied de 9 530 785 fr. par semestre. La dernière de ces demi-annuités sera payée le 31 juillet 1908.

5° L'emprunt du 18 avril 1869, divisé en 753 623 obligations remboursables à 400 francs, et donnant 12 francs d'intérêt annuel. Il sera définitivement amorti le 31 juillet 1909.

Ici se place la période douloureuse dans laquelle les emprunts n'auront plus pour objet que de réparer les désastres de l'invasion allemande, des deux siéges de Paris, de liquider une foule d'engagements financiers pris par l'administration municipale de l'empire, et de terminer les principaux travaux en cours d'exécution. Voici la nouvelle série :

6° L'emprunt du 6 septembre 1871, émettant 1 296 300 obligations remboursables à 400 francs, avec 3 p. 100 d'intérêt sur ce chiffre. L'amortissement de cet emprunt ne prendra fin que le 5 mai 1946.

7° Celui du 24 décembre 1874, dit de *liquidation*, divisé en 500 000 obligations remboursables à 500 fr. (intérêts à 4 p. 100 du capital nominal), et qui ne sera définitivement amorti que le 25 février 1950.

8° Le dernier emprunt contracté par la ville de Paris, celui du 27 juin 1876. Il comprend 258 065 obligations remboursables à 500 francs (4 pour 100 d'intérêt). Son amortissement doit durer jusqu'au 25 novembre 1949.

Le produit réel de chacun de ces emprunts a varié selon les circonstances ; l'appât des lots qui les accompagnent tous, comme on sait, a jusqu'ici suffi pour que leur émission ait eu lieu dans d'assez bonnes conditions pour ce genre d'opérations.

Mais les emprunts ont chargé la ville de Paris d'une dette, ou si l'on veut, d'engagements à terme excessivement onéreux.

Ainsi pour 1879 seulement, et rien que pour le service des intérêts, de l'amortissement et du tirage des lots, nous aurons à débourser près de 96 milions.

Veut-on savoir actuellement ce qui nous reste d'engagements pris jusqu'en 1897, pour les deux premiers emprunts, et jusqu'en 1908, 1909, 1929, 1946, 1949 et 1950 pour les six autres ?

Voici le tableau des sommes restant à payer, du 1er janvier 1879 au 25 février 1950, sur ces divers emprunts. Nous y comprenons la dette contractée en 1867-68 envers le Crédit foncier, bien qu'il soit question en ce moment de la convertir, avec avantage au moyen d'un nouvel emprunt dont les fonds seraient obtenus, croit-on, à meilleur marché, en raison de l'abondance actuelle des capitaux.

DATES DES EMPRUNTS.	SOMMES A PAYER.	
1855.	67,082,305 fr.	en 19 ans.
1860.	134,261,610	Id.
1865.	723,177,890	0 s
1867-68.	562,316,317	ns
1869.	443,740,980	Id.
1871.	1,272,756,460	ans.
1875.	810,943,260	71 ans
1876.	420,371,150	71 ns.
Total. . . .	4,434,652,972 fr.	

Nous admettons sans conteste qu'il a été fait de grandes et utiles choses avec les 2 milliards qu'ont produit tous ces emprunts; nous admettons également que plusieurs de ces grands travaux, en concourant au développement de la richesse publique, ont rendu possibles certaines compensations fiscales.

Mais si l'on songe qu'en empruntant pour 40, 60 et même 75 ans, on arrive à payer la jouissance immédiate de ces travaux plus du double de ce qu'ils auraient coûté en ne les exécutant que successivement et en proportion des ressources disponibles, on est effrayé de la légèreté avec laquelle l'administration impériale a jeté la Ville de Paris dans cette voie dangereuse, sur cette pente fatale qu'il est si difficile de remonter.

Rien que par les emprunts, nous le répétons, les finances de la Ville seront encore engagées, au 31 décembre 1870, pour 4 milliards et demi d'

Mais nous n'avons pas encore épuisé la série des dettes municipales. Il nous faut y joindre les annuités :

Pour le rachat du péage des ponts Louis-Philippe, de la Cité, des Arts et d'Austerlitz, sur lequel il restera encore à payer, à partir de 1880, près de 5 millions ;

Pour le rachat des canaux Saint-Martin, de l'Ourcq et de Saint-Denis, dont l'acquisition ne sera entièrement payée qu'en 1914 pour les deux derniers, et en 1922 pour le premier, moyennant 12 633 272 fr. Il est vrai d'ajouter que les produits annuels de ces canaux (1 105 000 francs), dépassant le chiffre des annuités, il n'y a pas lieu de s'en préoccuper ;

Pour le rachat des eaux et usines de Saint-Maur, plus de 2 millions à payer d'ici à l'année 1914 ;

Pour le rachat de l'abattoir des Batignolles, 1 100 000 francs. Cette dette sera éteinte en 1899 ;

Les redevances à la compagnie des eaux, à la compagnie Ducoux, dont nous avons eu occasion de parler dans les précédents chapitres (36 millions à la première, 12 millions à la seconde), qui ne seront éteintes qu'en 1910 et 1914.

Nous avons encore à mentionner :

Une annuité à la compagnie du gaz, en remboursement d'une avance de 7 millions et demi faite par elle à la Ville en 1872, et sur laquelle il nous reste à payer d'ici à la fin de 1905, 11 200 000 francs ;

L'annuité accordée en réparation des dommages résultant du deuxième siége de Paris à ceux qui ont opté pour le paiement en 15 années, un peu plus de 3 millions ;

La dette flottante, qui est de 20 millions.

Ces diverses annuités et redevances dépassent 100 millions, qu'il conviendrait d'ajouter au chiffre total de la dette, si la plupart d'entre elles n'étaient couvertes par les recettes permanentes auxquelles elles ont donné ouverture.

Nous venons d'exposer le tableau des engagements de la Ville jusqu'au milieu du vingtième siécle.

Revenons aux dépenses qu'exigera le service de cette dette pour l'année 1879. Outre les intérêts, amor tissements et lots des emprunts, outre les annuités et redevances, nous avons à mentionner les frais divers occasionnés par les emprunts : timbre d'obligations et de quittances, confection des titres, commissions des trésoriers payeurs généraux, frais de tirage des lots, ensemble près de 1 268 000 francs, prévus pour 1879.

Ce premier chapitre de la dette municipale s'élève en total (prévisions de 1879) à la somme énorme de 101 397 000 francs, chiffres ronds, dont 95 724 000 fr. sont exclusivement destinés au service des emprunts.

Dans le second chapitre du budget de 1879, intitulé : charges de la Ville envers l'État et frais de perception de diverses taxes et contributions, nous trouvons d'abord 255 000 francs, pour la contribution foncière des propriétés de la Ville productives de revenu, 89 000 francs de taxe annuelle représentative des droits de mutation sur les biens de main morte, 190 000 francs pour exemption de frais de casernement et de logements militaires, 2 802 300 francs, représentant l'exonération de la contribution personnelle et mobilière des personnes payant un loyer inférieur à 400 francs, et la réduction proportionnelle de ces contributions pour les loyers ne dépassant pas 1000 francs. C'est sur le produit de l'octroi, en vertu des lois du 21 avril 1832 et du 3 juillet 1846, que doit être prélevée la somme représentant cette exonération.

Les remises aux percepteurs pour le recouvrement des centimes communaux sont prévues pour un chiffre de 660 900 francs. — Les frais de perception de la taxe sur les chiens et de la taxe du balayage s'élèvent à 93 700 francs.

Ce second chapitre s'élève à 4 188 900 francs.

Nous ne terminerons pas cette première partie de notre travail sans rappeler les explications que nous avons données en commençant ce livre sur certains articles qui figurent au budget pour *ordre*, c'est-à-dire qui présentent une somme égale dans le chapitre des recettes et dans celui des dépenses. Nous rappelons donc que ces articles d'ordre, absolument nécessaires pour qu'un contrôle sérieux puisse s'exercer sur la comptabilité, ont l'inconvénient de grossir le chiffre final du budget, en y introduisant, aux recettes comme aux dépenses, des sommes qui font double emploi, en ce sens qu'elles ne concernent aucun service rendu. Nous prendrons pour nouvel exemple une somme de 4 973 000 francs, qui forme le dernier article du chapitre de la dette municipale. Ce chiffre ne représente que l'avance, faite au Trésor par la Ville, de l'impôt à recouvrer sur les porteurs des obligations municipales, et qui est remboursé par eux lorsqu'ils viennent toucher leurs coupons. Nous avons en conséquence négligé de faire figurer cette somme, à cause de son importance comme chiffre, dans le total des dépenses de la dette municipale, suffisamment considérable à notre avis pour n'être pas grossie par une fiction de comptabilité.

Et nous ferons de même pour les dépenses totalisées dont une partie est à la charge de l'État, ou du département, lorsque nous présenterons, à la fin de ce livre, le tableau synoptique du budget de 1879.

SECONDE PARTIE

LES RESSOURCES FINANCIÈRES DE PARIS

L'OCTROI.

126 703 100 francs.

Nous avons établi à diverses reprises, dans la première partie de cet ouvrage, que les taxes d'octroi, dont le produit devait servir, dans l'origine, à doter les établissements de bienfaisance, ont été surtout employées à solder les embellissements de la capitale. On voudrait peut-être nous taxer d'exagération. Voici notre réponse.

Dans sa séance du 30 novembre 1875, le Conseil municipal adoptait une prévision de 113 millions pour les recettes de l'octroi en 1876. Le conseiller rapporteur, tout en regrettant que la situation financière ne permît pas de songer à une réduction des tarifs, exposait que l'équilibre du budget municipal, enfin obtenu par le conseil élu, devait être maintenu, et il ajoutait que la population parisienne ne se plaindrait pas de sacrifices commandés par l'honneur.

M. le Préfet de la Seine saisissait cette occasion pour repousser, au nom de l'administration, la responsabilité d'avoir fait peser volontairement une pareille charge sur la population. Voici le résumé de ses paroles, tel qu'il a été inséré au procès-verbal de cette séance.

« Il importe de rappeler, a dit M. le Préfet, que le « chiffre des recettes de l'octroi correspond au chiffre « inscrit au budget des dépenses pour le service de « la dette laissée par l'ancienne administration. Cette « administration a fait exécuter dans Paris de grands « travaux, et M. le Préfet est loin de lui en contester « le mérite ; mais elle avait pour système de ne pas « établir les impôts correspondant aux dépenses « qu'elle engageait. Elle a laissé à ses successeurs le « soin de créer ces impôts et de *payer* les embellis- « sements qu'elle avait réalisés. *Il est bon que le pu- « blic sache que le produit de l'octroi sert à payer la « dette laissée par l'Empire.* »

La situation révélée par le Préfet de la Seine s'est modifiée un peu depuis 1876 quant aux chiffres. En 1879, la dette municipale, grossie des charges du dernier emprunt, exigera une dépense nette de 101 397 478 francs, alors que le produit présumé de l'octroi, déduction faite de ses frais de recouvrement, dépassera 120 millions. Il n'en est pas moins vrai que cet impôt énorme, et qui frappe surtout la partie besogneuse de la population, est le seul jusqu'ici qui soit chargé d'acquitter à la longue la carte des prodigalités inouïes de M. Haussmann et de ses patrons.

Voyons maintenant dans quelles proportions le paiement de cette carte s'impose aux diverses catégories de la population.

L'octroi, qui porte principalement sur la consommation alimentaire, est depuis longtemps condamné en principe, même par ceux des économistes qui trouvent bon que la poule soit plumée sans s'en apercevoir, et conséquemment sans crier. Si cet impôt, proportionnel à la pauvreté, au lieu de l'être à la richesse, n'a pas disparu de nos habitudes, c'est, disent-ils, qu'on cherche encore le moyen de le remplacer par un impôt plus équitablement réparti. Tout le monde reconnait cependant qu'il est profondément injuste de taxer les besoins de l'estomac d'une redevance sur les aliments; non pas même sur leur qualité, mais sur leur quantité. Personne ne conteste que celui qui travaille dur et longtemps absorbe plus de nourriture que celui qui travaille doucement et à ses heures: nul n'ignore également qu'il est dans nos habitudes populaires de renforcer l'insuffisant régime du pot au feu, des légumes secs ou frais, et des pommes de terre, par une certaine quantité de vin, considéré comme aliment et non plus comme boisson. Et c'est précisément cet aliment que l'octroi frappe tout d'abord, et dans des conditions inouïes, puisqu'un litre de vin, bon ou mauvais, à bon marché ou d'un prix élevé, doit acquitter aux barrières, pour entrer dans Paris, un droit de 23c,875, dont 12 centimes pour la Ville et 11c,875 pour l'État. Les vins en bouteilles, il est vrai, payent 50 centimes par litre, dont 30 au profit de la Ville, et 20 au profit du trésor. Mais il entre à Paris fort peu de vins en bouteilles, à l'exception des vins blancs mousseux, et les grands vins, comme les moyens, entrant en barriques, n'acquittent que le droit ordinaire. Les ouvriers qui, sans être le moins du monde suspects d'ivrognerie, consomment un litre de vin par jour, et nous répétons que pour ceux-là le vin est le supplément obligé d'une nourriture insuffisante, se trouvent avoir versé à la fin de l'année 43 fr. 80 cent., dans la caisse de la Ville, et 43 fr. 35 cent., dans celle du trésor public, soit au total 87 fr. 15 cent. Un pareil prélèvement, sur un salaire qui ne dépasse souvent pas 12 à 1500 francs par an, n'est-il pas monstrueux ? Mais ce n'est pas tout.

La pauvre ménagère, qui ne met chaque semaine dans son pot que 1k,50 de viande de boucherie, voit l'impôt lui enlever, au bout de son année, pour 78 kil. de viande à 11c,605, une somme de 9 fr. 05, au profit de la Ville[1].

La charcuterie lui coûtera le double de droits, 22c,77, par kil. Elle payera pour les denrées alimentaires suivantes :

1. L'État ne frappe que les vins, les cidres et poirés, les alcools et les huiles à manger.

Oies et lapins, 9 cent. où 18 cent. par kilog. (troisième et quatrième catégorie de volaille et gibier. La première et la deuxième paient 30 cent. et 75 cent.)

Beurre en mottes ou en livres, 16c,80.

Petit beurre, 10c,20.

Œufs, 4c,20 le kilog.

Poissons chers, 21c,60 pour la deuxième catégorie, 40 fr. 20 pour la première [1].

Huile commune, 67c,45 dont 15 cent. pour le Trésor.

Vinaigre, 18 cent. par litre.

Sel, 6 cent. par kilog.

Bière, 15 cent. par litre.

Raisin, 5c,76 par kilog.

Nous ne considérerions pas l'octroi sur les alcools comme frappant l'alimentation, si l'impôt sur le vin était supprimé. Mais le *petit verre* est encore dans les habitudes populaires ; pour les ouvriers sans famille, pour ceux qui se lèvent avant l'aube, il remplace le matin la soupe. Pour ceux-ci l'impôt est encore considérable ; pour les autres, il peut avoir le caractère d'une demi-prohibition justifiée par les lois de l'hygiène et la nécessité d'arrêter les progrès de l'alcoolisme. Les alcools en cercles (il en est qui ne valent pas en commerce plus de 152 francs l'hectolitre),

1. Par délibération du mois de mai 1878, le Conseil municipal a supprimé les droits pour les poissons autres que les saumons et truites, barbues et turbots, bouquets, langoustes et homards, écrevisses et bars (formant la 1re catégorie), les mulets, esturgeons, soles, anguilles, brochets, carpes, goujons et lamproies (formant la 2e catégorie).

acquittent aux barrières le droit énorme de 266 fr. 05 par hectolitre.

Après avoir frappé la nourriture, l'octroi de Paris prélève encore, au profit de la commune, divers impôts sur le chauffage et l'éclairage. Le droit est minimo; mais ces petits prélèvements de centimes finissent par former des francs à la fin de l'année, et aggravent d'autant les conditions de la vie matérielle. Les bois durs, les bois blancs à brûler, les cotrets et les fagots, le charbon de bois et la houille ne peuvent entrer sans payer. Il en est de même des huiles épurées et des essences minérales de toutes sortes, des bougies, de la cire, et des suifs de toute espèce.

On objectera que ces droits, généralement acquittés par le commerce de détail, lequel les ajoute au prix de ses marchandises en les y confondant, semblent pour ainsi dire inaperçus du public. C'est une erreur, une erreur profonde. Le commis de l'octro est trop connu; sa fonction est trop visible, son inquisition trop active sur les voyageurs, pour faire oublier son rôle. Si quelques personnes ignorantes s'en prennent aux marchands de l'augmentation apportée par les taxes municipales au prix des denrées de consommation, l'immense majorité de la population sait bien à quoi attribuer cette augmentation. Ce qu'on ne sait pas aussi bien, c'est le chiffre réel de chaque prélèvement : souvent on est même porté à l'exagérer, ce qui permet au détaillant d'arrondir à son profit les millimes et les centimes de la taxe. Il aurait beaucoup mieux valu, par exemple, que les droits sur la viande, au lieu d'être de 11 cent. 605 par kilog. à l'entrée, fussent réduits au chiffre rond de 10 cent. et que les viandes sortant des abattoirs, au lieu d'être taxées à 0c,705 l'eussent été également à 10 cent. Le public aurait compris tout de suite que la viande devait coûter à Paris 10 cent. de plus qu'ailleurs.

De même pour toutes celles des autres taxes qui auraient pu être arrondies.

Outre les taxes dont nous venons de parler, et qui viennent grossir les dépenses de consommation alimentaire, l'octroi en prélève d'autres dont la quotité influe indirectement sur certains détails de la dépense des familles : le loyer et les voitures. Paient à l'entrée de Paris, en effet, les matériaux de construction suivants : pierre de taille, moellon, chaux et ciment, plâtre, marbre et granit, fer, fonte. Une autre catégorie comprend les ardoises, briques, huiles, carreaux, poteries, l'argile, la terre glaise. Les bois de sciage pour construction, les bois de bateaux et de déchirage, les lattes et treillages, les vernis gras, les couleurs à l'huile, l'essence de térébenthine, le goudron liquide, le brai bitume, les verres à glace et à vitre, le verre des bouteilles même, sont taxés. Assurément ces taxes, en augmentant le prix des constructions, forcent les propriétaires à répartir ce supplément de dépense sur le prix des locations. Enfin les taxes sur l'avoine, l'orge, le foin et la paille sont réparties sur le public par toutes les industries de transport des choses et des personnes.

Voici les diverses consommations frappées par l'octroi de Paris, résumées en leurs principaux articles, d'après les produits de l'année 1877, qui doit être considérée, sauf le mouvement des travaux de bâtiments, comme une année moyenne. Nous donnerons plus loin quelques détails sur la répartition, par nature d'objets, de ces divers articles.

Sur un produit total de 125 398 041 francs :

L'alimentation a fourni à elle seule 81 millions, sans compter ce qui a pu entrer d'alcools dans cette consommation, sous forme de *goutte*, de petits verres, de boissons soi-disant apéritives, et d'huiles autres que celle d'olives.

Ces 81 millions se subdivisent ainsi : comestibles, 26 312 510 francs; boissons (vin, cidre, bière), 54 639 728 francs.

On peut donc, sans crainte d'erreur, estimer le produit des taxes d'octroi sur l'alimentation aux deux tiers du produit total, et par conséquent toucher du doigt l'énorme disproportionnalité de cet impôt avec la fortune du contribuable.

C'est, après la nourriture, le loyer qui est le plus frappé. Mais il ne faut pas oublier que 1877 a été, pour la bâtisse, une date exceptionnelle. L'octroi, sur les matériaux de construction, a produit plus de 13 millions, sans compter ce qui est confondu avec l'éclairage et les emplois industriels dans les chapitres des huiles, vernis, essences, etc. Cette proportion diminuera bien certainement à partir de 1879.

Les combustibles de toute nature ont payé 10 millions.

L'ensemble des alcools, sans détermination de l'usage auquel ils ont pu être destinés, a fourni 8 millions et demi.

L'éclairage, autant qu'on peut le présumer (les articles huiles de toutes sortes n'étant pas spécifiées comme usage), a dû payer près de 5 millions.

Le transport des personnes et des choses, par l'octroi sur les fourrages et avoines, a été frappé d'environ 4 millions.

Le reste, près de 4 millions, a été perçu sur des produits dont l'utilisation n'est pas suffisamment indiquée pour que nous en puissions faire une classification, même approximative.

Nous avons promis de revenir sur certains détails des chapitres dont nous avons donné le produit en bloc. En voici quelques-uns qui intéresseront le lecteur sans trop le fatiguer.

La viande de boucherie et ses abats ont payé en 1877 plus de treize millions et demi de droits d'octroi : la viande de porc et ses abats, 2 432 000 francs; la volaille, le gibier, les pâtés et terrines, les truffes, 5 310 000 francs; le poisson et les huîtres, 474 540 fr.; le beurre, 864 781 francs; les œufs, 148 387 francs; le sel, 833 407 francs.

Au chapitre des boissons figurent les vins en cercles pour 50 millions un tiers. Les vins en bouteilles, payant un droit plus élevé, fournissent un demi-million. Le cidre a payé 220 800 francs. La bière a acquitté un peu plus de 3 millions et demi.

Les huiles autres que celles d'olives (végétales, animales et minérales), la térébenthine, l'éther, l'acide acétique, etc., ont donné ensemble 7 millions à l'octroi.

Voici la proportion pour les combustibles (chauffage, cuisine, industrie). La houille a payé 5 millions et quart, le charbon de bois 3 millions, le bois à brûler près de 2 millions.

Les revenus de l'octroi proprement dit, de celui qui se perçoit aux barrières et aux gares de chemins de fer, sont estimés pour 1879 à 126 703 000 francs, et il est très-probable qu'en raison de l'Exposition, ce chiffre sera de quelques millions au-dessous de la réalité.

Cette recette de 126 703 000 francs sur un budget dont le montant total est de 206 647 000, en chiffres ronds, établit incontestablement que l'octroi est la ressource suprême, la poule aux œufs d'or, ou mieux encore, la véritable vache à lait de l'administration municipale, et devant l'immensité de son revenu on comprend que la transformation de cet impôt fasse reculer les plus hardis théoriciens. Mais cette recette prouve en même temps que si Paris est par excellence la ville de la démocratie, ce n'est pas sous le rapport de la proportionnalité de l'impôt à la fortune de ses habitants. Il n'y a peut-être pas d'exemple ailleurs, la Turquie exceptée, d'un semblable pressurage des petits au profit des gros.

Combien coûte ce service qui rapporte tant de millions? Beaucoup de personnes à qui pèse l'octroi sont loin de se douter que c'est un des impôts dont la perception est la moins coûteuse. D'après la loi de vendémiaire an VII, qui l'a instituée, les frais de perception peuvent s'élever jusqu'à 8 pour 100. Or, d'après le résultat de ces dernières années, ces frais, qui s'élèvent à 4,99 pour 100, n'atteindraient pas 4,88, si l'on tenait compte des droits d'abatage et autres encaissés par l'octroi.

Enfin, si le Trésor, pour lequel le service de l'octroi encaisse chaque année de 75 à 80 millions, consentait, comme le lui demande le Conseil municipal, à prendre à la dépense une part véritablement proportionnelle, le tant pour cent des deux perceptions réunies descendrait à 3,10.

Les frais de perception de l'octroi sont estimés pour 1879 à 6 474 750 francs, un peu moins de 5 pour 100, comme nous l'avons dit.

CENTIMES COMMUNAUX. — IMPOSITIONS SPÉCIALES. — TAXE SUR LES CHIENS.

24 576 100 francs.

La série de recettes que nous allons énumérer est tirée directement, par l'intermédiaire du percepteur, de la poche des propriétaires et des commerçants. Cela ne veut pas dire qu'en fin de compte elle ne frappera pas les locataires et les acheteurs. Le propriétaire augmentera en conséquence, chaque fois qu'il le pourra, le prix de ses loyers, et le marchand en comprendra le chiffre dans ses prix de vente, si la concurrence le lui permet. Il faut donc n'accueillir qu'avec beaucoup de réserve les plaintes si fréquentes et si hautement exprimées par la propriété, le commerce et l'industrie sur la lourdeur des impôts municipaux. Les 24 millions et demi que leur réclame la feuille des contributions ne représentent que le cinquième de l'impôt indirect de l'octroi. Seulement, il ne faut pas l'oublier, l'octroi se paye au jour le jour, par centimes, et pour en sentir la lourdeur, il faut se livrer à des raisonnements et aligner des chiffres, ce que bien peu de personnes songent à faire. La feuille du percepteur, au contraire, nous avertit brutalement de la quotité de l'impôt, et cela le fait paraître beaucoup plus lourd qu'il ne l'est réellement.

Ce qui est encore plus agaçant, c'est l'interminable nomenclature des centimes ordinaires, extraordinaires, additionnels, etc., qui forment presque à eux tous le total de ces 24 millions et demi. Le lecteur va en juger. Voici ce qui sera demandé aux contribuables en 1879, rien que pour le chapitre qui nous occupe :

690 900 francs pour cinq centimes ordinaires additionnels au principal de la contribution foncière, en vertu de la loi du 15 mai 1818.

452 300 francs pour cinq centimes non moins ordinaires et additionnels au principal de la contribution personnelle et mobilière (même loi).

1 767 000 francs pour attribution de huit centimes sur le principal des patentes (loi du 25 avril 1844).

42 000 francs pour attribution à la commune du vingtième du produit de l'impôt des chevaux et voitures (lois des 2 juillet 1862, 16 septembre 1871 et 23 juillet 1872).

1 531 400 francs pour trois centimes *spéciaux* additionnels au principal des quatre contributions directes, pour les dépenses de l'instruction primaire (loi du 15 mars 1850).

2 041 800 francs pour quatre centimes spéciaux extraordinaires additionnels au même principal, et pour le même objet (loi du 10 avril 1867).

3 965 500 francs pour *dix* centimes extraordinaires additionnels au principal des contributions foncière, personnelle-mobilière et des portes et fenêtres, et *cinq* centimes extraordinaires additionnels au principal

des patentes (lois des 5 février 1872 et 27 déc. 1870).

5 943 900 francs pour *dix-sept* centimes d'une part, et *cinq* centimes d'autre part, additionnels à ceux ci-dessus (loi du 7 avril 1873).

7 538 800 francs additionnels aux précédents, pour *dix-sept* centimes d'une part, et *douze* de l'autre (patentes), en vertu de la loi du 5 août 1874, qui autorise cette perception au profit de la ville jusqu'au 31 décembre 1879, et dont on vient de demander la prorogation.

Ce qui fait : Pour la contribution foncière, 53 centimes additionnels.

Pour la contribution personnelle-mobilière, 56 centimes.

Pour celle des portes et fenêtres, 51 centimes.

Et enfin pour les patentes, 37 centimes.

La taxe municipale sur les chiens a produit en 1877 un peu plus de 600 000 francs, et c'est pour ce dernier chiffre qu'elle est portée au budget de 1879.

PRODUIT DES ABONNEMENTS AUX EAUX DE LA VILLE ET DE DIVERSES DÉPENDANCES DES ÉTABLISSEMENTS HYDRAULIQUES.

9 886 657 francs.

Le produit des eaux vient en troisième ligne, comme chiffre, dans les recettes de la Ville. Nous avons expliqué, en parlant de ce service dans la première partie de ce livre, quels arrangements avaient été pris avec une Compagnie spéciale pour son exploitation, dont le produit brut se résume ainsi :

La Ville fournit l'eau, par abonnements, à tous les édifices et établissements de l'État créés à Paris depuis le 6 prairial an IX, les autres étant servis gratuitement, aux termes de l'arrêté consulaire qui a institué à cette date le service municipal des eaux. C'est ainsi que les ministères, les hôpitaux, hospices, prisons, etc., devront payer pour le compte de l'État, à la caisse municipale, en 1879, environ 244 000 francs d'eau.

Les établissements municipaux de toutes natures, marchés, abattoirs, entrepôts, etc., reçoivent également l'eau, par abonnements, moyennant 407 000 francs. Mais cette somme ne représente qu'une recette d'ordre, puisque la Ville rembourse d'une main ce qu'elle reçoit de l'autre.

Le budget recevra de la Compagnie générale des eaux, en 1879, une somme de 15 000 francs pour l'eau que cette dernière distribue dans diverses communes suburbaines à l'aide des établissements hydrauliques de la Ville. Cette redevance n'était jusqu'ici que de 7500 francs ; elle sera doublée.

La recette à provenir des fournitures d'eau par abonnements privés, sur attachements et dans les fontaines marchandes, est évaluée pour 1879 à 8 034 000 francs. De 1876 à 1877 le produit s'est élevé de 7 242 000 fr.

à 7 615 000 : il sera de 7 900 000 environ cette année, et tout porte à croire qu'il atteindra 9 millions d'ici à quelques années.

Les canaux Saint-Martin, de l'Ourcq et de Saint-Denis produisent une recette de 1 105 000 francs, formée des droits de navigation, de stationnement, de pêche, de la location de terrains, de chutes d'eau, et de divers autres objets, coupes d'herbe, ventes de glace, batéaux à lessive, etc.

Par suite du nouveau tirant d'eau qui doit être donné à la Seine, des navires pourront un jour arriver à Paris jusqu'à l'écluse de la Monnaie. Il est important dès lors que le canal Saint-Denis et le bassin de la Villette, qui sont la propriété de la Ville, puissent continuer à abréger le parcours de ceux de ces navires à destination des localités au-dessus de Paris. Des travaux considérables sont projetés pour draguer et creuser le canal Saint-Denis, et pour débarrasser le bassin de la Villette de la vase qui, depuis soixante ans, s'y est accumulée. Cela entraînera une dépense de 6 à 7 millions; mais le canal Saint-Denis conservera son utilité et ne pourra même que la voir augmentée.

Les immeubles acquis par la Ville dans divers départements, pour la dérivation de la Dhuis et des sources de la vallée de la Vanne, fournissent en location un revenu de 77 700 francs. Les moulins sur la rivière d'Ourcq rapportent 2220 francs.

REDEVANCE DE LA COMPAGNIE DU GAZ.

8 500 000 francs.

Nous avons fait connaître précédemment que les premiers essais d'éclairage au gaz remontaient à 1824. De cette époque à 1855, l'administration n'avait pris, vis-à-vis de cette industrie naissante, que des mesures de police destinées à prévenir les accidents.

A cette dernière date, six compagnies distinctes, exerçant chacune dans un périmètre séparé, livraient au public et à la Ville leurs produits à des prix fort variés. C'est alors qu'un traité intervint pour consacrer la fusion de ces six compagnies dans la plus considérable d'entre elles, sous le nom de *Compagnie parisienne d'éclairage et de chauffage par le gaz*, nom qu'elle porte encore aujourd'hui. Par ce traité du 23 juillet 1855, modifié en 1861, puis en 1870, l'administration de la Ville, en échange du monopole qu'elle venait de laisser créer, fixait un double tarif de prix pour le mètre cube de gaz, un pour les particuliers, l'autre pour elle, demandait à la Compagnie le payement d'un droit annuel pour la location des parties de voie publique occupée par la canalisation du gaz, une redevance d'octroi par mètre cube consommé dans Paris, et enfin un partage des bénéfices faits par la Compagnie au delà d'une somme déterminée.

Les clauses de ce traité subsistent encore, après avoir reçu à deux reprises, comme nous venons de le dire, plusieurs modifications qui nous permettent de résumer, telles qu'elles existent actuellement, les conventions de la Ville et de la Compagnie.

La Compagnie est investie, jusqu'en 1905, du monopole de l'éclairage dans Paris, mais par le gaz seulement, en sorte que la Ville peut essayer et autoriser tout autre mode d'éclairage, l'éclairage électrique, par exemple.

Le prix du mètre cube de gaz est fixé à 30 cent. pour les particuliers et à 15 cent. pour la Ville.

La Compagnie paye un loyer annuel de 200 000 fr. pour le terrain qu'elle occupe sous les voies publiques ; elle verse de plus, à la caisse municipale, une redevance de 2 centimes par mètre cube de gaz consommé dans Paris et paye des droits d'octroi sur les sous-produits de sa fabrication. Enfin, elle fait entrer la Ville dans le partage égal des bénéfices qu'elle réalise après avoir servi à ses actionnaires 10 p. 100 d'intérêt et de dividende, c'est-à-dire 12 400 fr. par an jusqu'en 1887, et 11 400 000 fr. seulement de 1887 à 1905.

Voici quelles ont été, depuis 1869, les parts de la Ville dans les bénéfices de la Compagnie du gaz. En 1869, elle a recueilli près de 5 millions. En 1870, en raison des événements, elle n'a touché que 1 350 000 fr., et en 1871, elle n'a rien touché, pour les mêmes causes. Mais en 1872, elle a retrouvé ses 5 millions ; en 1873, sa part a atteint 5 100 000 fr.; en 1874, 6 millions ; en 1875, 8 millions ; en 1876, la Ville a touché 8 300 000 fr.; en 1877, 8 millions et demi.

Cette part de la Ville a été portée pour le même chiffre au budget de 1878, et le projet de budget de 1879 la propose en prévision des recettes pour une somme égale.

HALLES ET MARCHÉS.

6 945 900 francs.

Les années précédentes, ce chapitre du budget municipal offrait une recette de 11 millions 300 000 francs environ. Nous croyons devoir répéter que cette diminution n'est qu'apparente, parce que la recette de l'octroi sera augmentée de presque toute la différence. Jusqu'à ce jour, en effet, certaines denrées, les poissons de mer et d'eau douce, le beurre, les œufs, le fromage, arrivaient directement aux Halles, où le droit d'octroi se percevait *ad valorem* sur le produit des ventes opérées par facteurs, et ces recettes d'octroi figuraient dans le produit des halles. Aujourd'hui ces denrées acquittent à la barrière un droit spécifique dont nous avons donné les détails dans le premier chapitre de cette seconde partie, et viennent augmenter d'autant les recettes de l'octroi proprement dit. La Ville ne perçoit plus aux halles qu'un droit d'*abri* ou de locations de places. Le marché aux bestiaux de la Villette fournit encore une redevance de 2 200 000 francs; mais c'est pour droits de place et de séjour, pour locations diverses, pour vente de fumier et transport du bétail. Il en est de même du premier marché aux chevaux, dont le produit, 59 500 francs, résulte des droits de place pour les chevaux, les ânes, les voitures, du droit d'essai et de la location d'une buvette-restaurant. Le second, qui vient d'être inauguré dans le quartier d'Amérique, donnera ses produits en 1880.

Voici, par ordre d'importance, les produits divers des abattoirs, des halles et des principaux marchés de Paris, selon les prévisions du budget de 1879 :

Abattoirs généraux de la boucherie (places). .	2,700,000 fr.
Marché aux bestiaux de la Villette (places et vente de fumier)	2,200,000
Entrepôt Saint-Bernard (loyers).	1,100,000
— de Bercy —	1,000,000
Halles centrales (places).	1,082,000
Stationnement des charrettes	840,000
Vingt-trois marchés exploités par la Ville (places) [1].	594,900
A reporter. .	9,516,900 fr.

1. Dans cette catégorie figurent : le marché Saint-Germain pour 121 000 fr.; celui du cours de Vincennes pour 36 500 fr.; celui de Ménilmontant pour 35 500 fr.

Report. .	9,516,900 fr.
Quatorze marchés concédés à des Compagnies (places)[2]	426,000
Vente en gros de la boucherie	550,000
Volaille et gibier	376,000
Poids public	344,000
Beurre, œufs et fromages	372,000
Abattoirs à porcs	250,000
Marée et salines (abri)	192,000
Légumes et fruits (abri)	150,000
Huit marchés aux fleurs	96,000
Marché aux chevaux, aux chiens et aux fourrages	63,800
Triperie	33,000
Foires aux jambons et au pain d'épice	30,200
Poisson d'eau douce (abri)	16,000
Grains et farines	12,200
Moules et coquilles (abri)	5,000
Huitres (abri)	3,400
Marché aux oiseaux	3,000
Divers	500
	12,340,000 fr.

CONTRIBUTIONS DE DIVERS DANS LES DÉPENSES DE VOIRIE, DE NETTOIEMENT ET D'ÉCLAIRAGE.

5 991 595 francs.

Il y a dans ce chapitre une foule de recettes diverses dont l'énumération nous permettra de faire connaître

2. Le marché du Temple est concédé à une Compagnie pour 200 000 fr. par an, celui des Jacobins (Saint-Honoré) paye à la Ville 60 000 fr.

au lecteur la multiplicité des attributions municipales dans ce triple service de la voirie, du nettoiement et de l'éclairage.

On y trouvera aussi un certain nombre de recettes d'ordre, c'est-à-dire annulées en fait par une dépense correspondante.

Première section. — Voirie. — La Ville est obligée parfois de faire exécuter d'office certains travaux extrêmement urgents au point de vue de la sûreté publique et de la salubrité. Mais elle se fait rembourser de sa dépense par les propriétaires négligents ou récalcitrants. De là une recette d'ordre, prévue pour 13 000 francs au budget de 1879.

La Ville fait encore exécuter d'office, dans les carrières sous Paris, des travaux de consolidation qu'elle se fait rembourser par les propriétaires. D'un autre côté, le département supporte 55 pour 100 des frais du personnel du service des carrières. De là deux recettes, la première de 1000 francs environ, acquittée par les propriétaires, la seconde, de 31 625 francs, à payer par le département.

Deuxième section. — Architecture. — Trois recettes semblables pour commencer. 1° Le département rembourse à la Ville le dixième de la dépense du personnel d'architecture, soit 42 620 francs. 2° L'État contribuera en 1879 pour 100 000 francs dans les dépenses d'amélioration des lycées et autres établissements universitaires. 3° Il contribuera également pour 42 500 francs dans les dépenses d'entretien foncier, de renouvellement et d'entretien du mobilier des casernes de la garde républicaine.

Le ministère des cultes, ayant promis en septembre 1877, une subvention de 20 000 francs pour la restauration de l'église Saint-Pierre de Montmartre, le budget municipal de 1879 porte en recette cette somme, bien qu'il l'attende encore.

Nous voyons ensuite inscrire une recette de 184 000 francs pour contribution des fabriques et consistoires dans les dépenses faites pour acquisitions, constructions et réparations d'églises, temples et presbytères. Il s'agit de huit églises et de deux presbytères, de deux synagogues et d'une maison consistoriale, dont la dépense, faite originairement par la Ville, lui est remboursée en partie par diverses annuités que paieront successivement les fabriques et consistoires.

L'administration a fait dresser un plan de Paris divisé en 20 cartes d'arrondissement, au 110 000. Elle en prépare un au 15 000. Ces plans, mis en vente chez les libraires, produiront une recette estimée 3000 francs pour 1879.

On sait que la Ville a fait dresser avec beaucoup de soin et d'équité la série de prix des travaux qu'elle fait exécuter, et que cette série de prix sert pour ainsi dire de type pour les propriétaires, les entrepreneurs et leurs ouvriers, lorsqu'ils font faire ou exécutent des travaux privés. La Ville va remettre la publication de cette série de prix en adjudication pour 1879, et elle compte en tirer un revenu annuel de 5000 francs.

Troisième section. — Pavage et nettoiement. — Lorsque la Compagnie des eaux ou la Compagnie du gaz font des trouées sur la voie publique, c'est la Ville qui repave, mais à leurs frais. L'administration estime que de ce chef elles auront à lui rembourser 160 000 francs en 1879.

Les particuliers ou les administrations publiques auront à payer de leur côté :

1° 350 000 francs environ pour pavage et trottoirs sur emplacements nouveaux; — 2° 350 000 francs d'annuités pour travaux de viabilité exécutés dans les années antérieures; — 3° 145 000 francs pour raccordements de chaussées, de trottoirs, et pour travaux de sûreté publique et de salubrité; — 4° 100 000 francs pour trottoirs exécutés en vertu de la loi du 7 juin 1845; — 5° 5000 francs pour le balayage des passages non soumis à la taxe.

Les détaillants contribueront pour 41 000 francs aux frais de balayage des marchés.

Enfin les concessionnaires des urinoirs-affiches (il n'y a pas de petite recette) payeront 450 francs pour contribution dans les frais de lavage. Cette contribution s'élevait autrefois à près de 6700 francs; mais le remplacement des urinoirs de la compagnie Drouart par les urinoirs à trois stalles va faire disparaître, au grand avantage de la pudeur publique, cette ressource vespasienne.

4° *Section. Éclairage.* — Il ne faudrait pas croire que le partage de bénéfices (8 500 000 francs) avec la

Compagnie du gaz soit l'unique produit prélevé par la Ville sur l'éclairage. Voici tout d'abord une recette de 3 400 000 francs provenant de la redevance établie par la loi du 16 juin 1859, de 2 centimes, au profit de la Ville, par mètre cube de gaz utilisé dans Paris.

Cette consommation, qui va sans cesse en augmentant, fournit au budget de la Ville une ressource considérable, bien qu'elle ne soit pas très-goûtée des commerçants.

Nous trouvons ensuite un article de 381 400 francs, produit du remboursement « par divers » des frais d'éclairage avancés pour leur compte. Dans la liste de ces *divers*, nous remarquons tout d'abord le Palais-Royal, les passages, les cités, bon nombre de théâtres, de concerts, puis les candélabres ordinaires et les candélabres-affiches, les kiosques de journaux, les bureaux d'omnibus, etc. Un certain nombre de rues non classées figurent dans cette liste; elles sont éclairées aux frais des propriétaires; l'un d'entre eux est chargé de recueillir les cotisations et d'en verser le montant à la caisse municipale.

Ce n'est pas tout. La Compagnie du gaz paye chaque année à la Ville, pour location des parties du sous-sol de la voie publique occupées par des conduites de gaz, une somme de 200 000 francs. Enfin, les fabricants de compteurs et de régulateurs de pression, dont les produits doivent être poinçonnés, paient 16 000 francs pour cet objet.

Total de cette partie des produits de l'éclairage, 4 millions en chiffres ronds.

5e *Section. Travaux divers.* — Il s'agit d'une recette d'ordre qu'on n'avait pas jusqu'ici portée à part. Les particuliers demandent souvent à la Ville d'exécuter pour eux certains travaux qu'ils lui remboursent, et dont la moyenne est prévue pour 400 000 francs au budget de 1879.

DROITS DE STATIONNEMENT DES VOITURES PUBLIQUES.

4 330 500 francs.

Nous avons donné les détails de cette recette, en ce qui concerne les droits de stationnement des voitures de place, des voitures mixtes, des omnibus et des voitures sur tramways, dans la première partie de ce livre. Dans le chiffre total se trouve comprise une somme de 28 400 francs pour la location du sol de la voie publique où sont établis les bureaux d'omnibus et ceux des deux compagnies de tramways.

PRODUIT DES ABATTOIRS.

2 050 000 francs.

Les droits d'abatage et autres perçus dans les abattoirs généraux de la boucherie sont évalués pour

1879 à 2 700 000 francs. Dans les abattoirs à porcs, la même recette est prévue pour 250 000 francs.

TAXE DU BALAYAGE.

2 600 000 francs.

Le recouvrement de cette taxe a lieu comme en matière de contributions directes. Voir la première partie pour les détails.

RECETTES DE DIVERS ÉTABLISSEMENTS D'INSTRUCTION PUBLIQUE.

2 513 031 francs.

Les recettes du collége Chaptal se composent : 1° des pensions des élèves; 2° des compléments à payer par les familles des boursiers; 3° du prix des bourses données par l'État, par le département et par des particuliers. Ces recettes, qui se sont élevées à 1 065 000 fr. en 1878, sont estimées à 1 217 000 fr. pour l'année suivante.

Celles du collége Rollin s'élèveront à 743 000 fr.

La rétribution mensuelle des 790 élèves de l'école

Turgot (18 francs par mois pendant 11 mois, y compris 3 francs par mois pour fournitures d'objets d'étude), plus le prix de 104 bourses communales, fourniront l'an prochain une recette de 179 000 francs.

La recette provenant des 426 élèves payants et des 74 boursiers de l'école Colbert s'élèvera à 99 000 francs; (même rétribution de 18 francs par mois pour les élèves de cette école et ceux de l'école Lavoisier, école supérieure de la rive gauche, dont le produit est évalué à 86 000 francs environ.)

L'école J. B. Say, qui contient 88 pensionnaires à 1000 francs, 20 demi-pensionnaires à 500 francs, 155 élèves externes, dont 70 boursiers, produira en somme ronde une recette de 138 600 francs. A ces diverses sources de produit, il faut ajouter 2000 francs provenant de la vente des objets fabriqués par les élèves de l'école d'apprentissage du boulevard de la Villette, plus 8000 francs pour les livrets de Caisse d'épargne accordés par la Ville aux élèves des écoles communales, et dont les titulaires sont décédés mineurs (douloureuse recette !)

Enfin, le produit des dons et legs en faveur des établissements d'instruction primaire, s'élevant pour 1879 à 41 231 francs. Ce sont les petits qui donnent, car la liste est plus longue que le chiffre n'est gros.

LOCATIONS DANS LES ENTREPÔTS.

2 100 000 francs.

Ainsi que nous l'avons dit ailleurs, le produit des locations dans l'entrepôt du quai Saint-Bernard est porté pour 1 100 000 francs au budget de 1879, et celui des locations de l'entrepôt de Bercy pour un million.

CONCESSIONS DE TERRAINS DANS LES CIMETIÈRES.

1 721 700 francs.

Les cimetières de l'intérieur de Paris étant fermés presque entièrement aux concessions pour sépultures temporaires, et les cimetières nouveaux extra-muros ne donnant pas de concessions perpétuelles, la Ville concède à ce dernier titre tous les terrains disponibles à Montparnasse et au Père-Lachaise, dans les zones où sont déjà les anciennes concessions perpétuelles, zones qui doivent être conservées, à cause surtout des belles plantations et des monuments qu'elles renferment. Il résulte de cette situation, qui dure depuis quelques années, une augmentation de la vente des terrains concédés à titre perpétuel. Le chiffre des recettes prévues pour ces concessions ne s'élèvera pas, pour 1879, à moins de 1 240 000 francs. Les concessions temporaires des nouveaux cimetières, par contre, ne produiront que 480 000 francs.

Les droits de secondes inhumations dans des terrains concédés à perpétuité sont inscrits pour 1700 fr.

EXPLOITATION DES VOIRIES, VIDANGES, ÉGOUTS.

1 593 000 francs.

Le mot *voirie*, dans le langage administratif, a deux acceptions. Il comprend dans la première tout ce qui a trait à la voie publique, aux bâtiments qu'on y construit. La seconde ne s'applique qu'aux établissements où l'on transporte et manipule les détritus de toute nature, tels par exemple que la voirie de Bondy, dont nous avons raconté l'histoire actuelle dans la première partie de cet ouvrage.

La voirie de Bondy donne un produit important, puisqu'il atteindra presque 700 000 fr. pour 1879. Pour les raisons que nous avons déduites ailleurs, la Ville n'en a presque rien tiré (28 000 francs à peine) en 1877. Elle lui rapportera 200 000 francs cette année, et pareille somme pendant cinq ans encore, pour prix du stock des matières accumulées, mais, comme à partir de l'an prochain la nouvelle Compagnie s'est engagée à payer 1 franc 377^{m} le mètre cube de matière que les vidangeurs de certaines zones sont tenus de porter à Bondy, et que la quantité de ces matières est estimée à 360 000 mètres cubes par an, c'est un supplément de recette de 495 700 francs que le budget de la Ville enregistre.

Voici un autre produit qui se rattache à la fois aux vidanges et aux égouts. On compte à Paris près de 13 000 appareils, dits des tinettes filtrantes, au moyen desquelles les matières liquides sont séparées des solides, qui restent dans la tinette, alors que le liquide s'écoule directement à l'égout. Chacune de ces tinettes, emportant le droit d'écoulement direct à l'égout, paie à la Ville une redevance annuelle de 30 francs. En résumé, la rétribution de ce service donne à la Ville une somme de 398 000 francs.

Les particuliers remboursent à la Ville les frais de construction de branchements d'égouts à leur charge. Il en résulte une recette d'ordre de 72 000 francs. Quelquefois ils contribuent à l'établissement d'égout publics, dans l'intérêt de leurs maisons. Autre recette de 60 000 francs.

Le curage des branchements particuliers d'égout, à la charge des propriétaires, produit une recette de 346 000 francs. Ajoutons-y la contribution des riverains et usiniers de la Bièvre dans les frais de curage de cette rivière, soit 4000 francs.

Nous avons parlé de l'utilisation des eaux d'égout dans la plaine de Gennevilliers, et du jardin d'essai établi à cet effet par la Ville. Ce jardin est loué à son profit pour 1800 francs.

Ce chapitre est clos par une somme de 6000 francs, prix de revente de matériaux et objets divers provenant de ce service.

PRODUIT DES PROPRIÉTÉS COMMUNALES.

1 280 168 fr. 66 cent.

La ville de Paris possède un domaine inaliénable d'une très-grande importance, mais qui ne lui occasionne que des dépenses, et des immeubles dont elle peut tirer parti au profit de ses finances.

Le domaine inaliénable comprend d'abord soixante-douze édifices consacrés aux cultes, et dont voici l'énumération :

Vingt-neuf églises lui ont été cédées par l'État : l'Assomption, Saint-Roch, Saint-Germain-l'Auxerrois, Saint-Eustache, Notre-Dame-des-Victoires, Notre-Dame-de-Bonne-Nouvelle, Saint-Nicolas-des-Champs, Saint-Jean-saint-François, Saint-Denis-du-Saint-Sacrement, Sainte-Élisabeth, Saint-Méry, Notre-Dame-des-Blancs-Manteaux, Saint-Gervais, Saint-Paul-saint-Louis, Saint-Louis en l'Ile, Saint-Séverin, Saint-Nicolas-du-Chardonnet, Saint-Étienne-du-Mont, Saint-Jacques-du-Haut-Pas, Saint-Médard, Saint-Germain-des-Prés, Saint-

Sulpice, Saint-Thomas-d'Aquin, Saint-Philippe-du-Roule, Saint-Louis-d'Antin, Saint-Laurent, Sainte-Marguerite, Saint-Pierre de Chaillot, la Madeleine.

Seize églises sont entrées dans le domaine de la Ville par suite de l'annexion en 1860 : les cinq Notre-Dame, de Bercy, de la Gare, de Passy, d'Auteuil et de la Croix de Ménilmontant, Saint-Jean-Baptiste de Grenelle, Saint-Lambert de Vaugirard, Saint-Honoré de la Plaine, Sainte-Marie des Batignolles, Saint-Jacques-saint-Christophe, Saint-Ferdinand des Ternes, Saint-Pierre de Montmartre, Saint-Denis de la Chapelle, Saint-Bernard de la Chapelle, Saint-Jean-Baptiste de Belleville, Saint-Germain de Charonne.

Douze églises ont été construites par la Ville : Saint-Pierre du Gros-Caillou (1820), Notre-Dame-de-Lorette (1826), Saint-Vincent-de-Paul (1844), Sainte-Clotilde, Notre-Dame de Clignancourt, Saint-Pierre de Montrouge, Saint-Ambroise, Saint-Joseph, la Trinité, Saint-Augustin, Notre-Dame-des-Champs et Saint-François-Xavier.

Six églises ont été acquises par la Ville de divers particuliers : Saint-Leu, Saint-Eugène, Saint-Éloi, Saint-Marcel Maison-Blanche, Saint-Marcel Salpêtrière, Saint-Michel des Batignolles.

Sept temples protestants sont devenus la propriété de la Ville : les Billettes, Panthémont, l'Oratoire, Sainte-Marie, cédés par l'État ; les temples des rues Chauchat, d'Astorg, Quinault, construits par la Ville.

Les deux synagogues de la rue de la Victoire et de

la rue des Tournelles, construites sur des terrains municipaux, font également partie du domaine communal.

Ajoutons-y trente-cinq presbytères et deux maisons consistoriales, qui complètent l'ensemble des édifices religieux appartenant à la Ville. Ceux qui ne sont pas compris dans cette énumération sont des monuments de l'État ou des propriétés privées.

La Ville est propriétaire de seize casernes, sept pour la garde républicaine et neuf pour les pompiers. Nous en avons donné la nomenclature dans la première partie de cet ouvrage.

Ici se termine la liste des propriétés non productives de revenus.

La Ville avait bâti, pour loger les employés de l'octroi, trente bâtiments sur les terrains de l'État, dans l'intérieur des bastions de l'enceinte, sur la voie stratégique. Vingt-trois de ces bâtiments ont été affectés à des services militaires, par suite d'arrangements avec le ministère de la guerre. Les autres sont inoccupés ou inachevés.

La Ville est encore propriétaire de quelques barrières monumentales construites de 1784 à 1787 par l'ancienne Ferme générale, telles que celle de la place d'Enfer, affectée à divers services municipaux.

Nous avons dit ailleurs que la Ville était propriétaire des canaux de l'Ourcq, Saint-Denis et Saint-Martin. Le canal de l'Ourcq a 109 kilomètres de longueur, dont 11 seulement dans le département de la Seine. Ce canal se termine au bassin de la Villette, où vient aboutir le canal Saint-Denis, ouvert en 1821, et d'où part, pour se rendre à la Seine, près de l'arsenal, le canal Saint-Martin, ouvert en 1826.

Le bassin de la Villette, qu'on va remettre à neuf, a 800 mètres de long sur 80 de large. Il date de 1809.

Ajoutons aux propriétés de la Ville les mairies d'arrondissement, plus vingt-cinq maisons affectées à des établissements charitables ou à des services publics, parmi lesquelles l'hôtel Carnavalet, contenant la bibliothèque de la Ville et le musée municipal, les bâtiments de l'avenue Victoria, la maison des Frères, rue Oudinot, celle des Sœurs, rue du Bac, l'orphelinat du faubourg Saint-Antoine, la maison du Bon-Pasteur, rue d'Enfer, et les maisons de secours régies par les Sœurs.

Presque toutes les écoles communales sont établies dans des propriétés de la Ville.

N'oublions pas non plus les marchés, au nombre de quarante et plus, en comptant les Halles centrales; les abattoirs, les puits artésiens, seize réservoirs d'eau, et seize usines hydrauliques, les entrepôts, la Bourse, la Sorbonne, l'École de Droit, l'École de Médecine, les lycées Louis-le-Grand, Saint-Louis, Henri IV, Charlemagne, Fontanes, les colléges Rollin et Chaptal, les squares, les parcs, et enfin les bois de Boulogne et de Vincennes.

La Ville possède encore, dans le département de

la Seine, plusieurs aqueducs, celui d'Arcueil, et l'aqueduc de ceinture, servant à la distribution des eaux de l'Ourcq dans Paris. Elle a en dehors du département tous les aqueducs qui amènent, à Ménilmontant, les eaux de la Dhuis, à Montrouge, celles de la Vanne, ainsi que deux réservoirs.

Le nombre des immeubles appartenant à la Ville est en ce moment de cent vingt à Paris, et deux extra-muros. Quelques-uns sont peu importants : d'autres sont affectés à un service public. Voici la répartition de ces immeubles par arrondissement. Le dix-huitième en compte 17, le seizième, 16, le cinquième 13, le premier, 12, le deuxième, 9, le dix-septième, 8, le onzième, 7, les quatrième, sixième et vingtième, chacun 5, le troisième et le treizième, chacun 4, le dix-neuvième, 3, les huitième, dixième, douzième, quatorzième et quinzième, chacun 2, le septième et le neuvième, 1 seulement. Le produit de ces immeubles est porté au prochain budget pour 506 045 francs.

La Ville possède en outre deux cent quatre vingt-cinq terrains à Paris, plus dix lots de terrains dans l'avenue du cimetière Saint-Ouen. Mais ce chiffre diminue ou augmente pour ainsi dire chaque jour, à cause des reventes ou des nouvelles expropriations. Quoi qu'il en soit, ces terrains, dont certains ont une grande valeur comme capital, ne donnent, et cela se conçoit, qu'un produit très-médiocre, puisqu'il ne figure au prochain budget que pour 81 846 fr. 58 cent.

Voici ce que les terrains de la Ville ont donné en recette de 1871 à 1874, année d'ouverture des grands travaux :

Produit de 1871.	206,721	61
— 1872.	968,881	71
— 1873.	421,730	63
— 1874.	3,614,568	61

L'établissement du service des Pompes funèbres, situé rue Curial (nous avons raconté ailleurs ce qu'il a coûté) est loué aux fabriques et consistoires pour la somme annuelle de 200 000 francs.

La ville de Paris a encore le malheur d'être propriétaire des théâtres Lyrique, de la Gaîté et du Châtelet. Le loyer qu'elle en tire, ainsi que des boutiques en dépendant, représente 385 900 francs par an.

La rotonde de la place de l'Ourcq, à la Villette, est louée à la Société des magasins généraux moyennant 13 590 fr. 50 c. par an jusqu'en 1893. Ce loyer sera doublé ensuite pour les 20 dernières années du bail.

La Bourse, projetée dès 1806, et qui n'a été achevée qu'en 1828, a été cédée à la ville de Paris par l'État. Voici ce qu'elle a coûté et comment s'est répartie la dépense :

L'État a successivement fourni.	3,789,336	»
Une imposition extraordinaire sur les patentes a donné.	2,131,421	66
La ville de Paris s'est chargée du reste. .	2,558,434	34
Total de la dépense. . . .	8,479,192	»

Savez-vous quel est le produit du bois de Boulogne, de ses bassins de patinage, de ses glacières, de ses hippodromes, de ses châlets, cafés et restaurants, de son jardin d'acclimatation, de son pavillon d'Armenonville, de ses neuf maisons de campagne, de sa pêche, et enfin du fauchage de ses herbes ? Vous ne le croiriez pas, si je n'en avais là le détail sous les yeux. Ce magnifique parc, que l'Europe nous envie peut-être, mais qu'à coup sûr elle foule avec admiration, rapporte à son propriétaire 161 140 francs !

Le bois de Vincennes apporte au budget de la Ville 67 000 francs environ.

Les établissements des Champs-Élysées, cirques, théâtres, restaurants, panorama, cafés-concerts, palais de l'Industrie, etc., fournissent une recette de 134 300 francs.

Ceux des parcs, squares et jardins, donnent 14 000 francs.

Enfin les locations de toute nature sur la voie publique et dans les promenades produisent ensemble à la Ville un revenu de 430 000 francs environ.

Tous ces services réunis coûtent ensemble 2 026 000 francs, dont 403 000 pour la surveillance seulement.

La recette totale est de 905 000 francs environ. Les parcs et plantations entraînent donc 1 211 000 francs de dépense annuelle.

Nous ne parlons pas des millions que nous ont coûté ces magnificences, dignes après tout d'une

Ville athénienne, spartiate à ses heures, mais le plus souvent coquette, aimant à cacher sous de beaux dehors les misères qui la rongent.

Nous avons dit notre avis sur ce point au chapitre de l'Assistance publique.

La location de divers emplacements au palais de la Bourse fournit à la caisse municipale une recette annuelle de 31 700 francs.

En attendant l'utilisation des terrains destinés au futur cimetière de Méry-sur-Oise, qui ont coûté ce que l'on sait, la Ville les loue par parcelles, et en tirera 5900 francs en 1879, soit 1200 francs de plus que cette année.

Suivent d'autres recettes dont voici le détail sommaire :

Location d'une usine sur le canal Saint-Maur, 3000 francs.

Sous-locations de propriétés particulières louées à la Ville pour services divers, 20 600 francs.

Tolérances et autorisations temporaires concédées sur des immeubles communaux, 28 000 fr. en chiffres ronds.

Enfin, remboursement, par 18 secrétaires de mairie, du loyer des logements qu'ils occupent dans les mairies, 12 700 francs.

RECETTES DIVERSES.

1 141 267 fr. 30 cent.

Le lecteur a pu voir que nous avions classé les recettes par ordre d'importance comme chiffre. Il comprendra donc le motif qui nous oblige d'introduire à cette place un chapitre qui d'ordinaire ne figure que pour clôturer les autres. Il s'agit d'ailleurs de recettes très-réelles, dans lesquelles l'imprévu n'est coté que pour une somme ronde de 200 000 fr. Le détail de ces recettes comprend une foule d'objets qu'il serait trop long d'énumérer : ce sont des arrérages de rentes, des intérêts de prix de vente d'immeubles, des intérêts de retard sur souscription d'obligations, des remboursements de contributions par des locataires de la Ville. Nous y remarquons 297 480 francs de rétribution par les entrepreneurs de théâtres, bals, concerts, pour services privés des sapeurs-pompiers, recette qui vient en déduction du budget spécial de la préfecture de police ; 55 500 francs pour produits divers de cette même préfecture; 7500 francs pour dépôts de modèles dans une salle du conseil des prud'hommes ; 7000 francs d'indemnité versées par l'État pour les engagements volontaires contractés dans les mairies de Paris.

Enfin on y fait figurer 403 200 francs pour contribution du département dans les dépenses du personnel de la préfecture.

LOCATIONS SUR LA VOIE PUBLIQUE ET DANS LES PROMENADES PUBLIQUES.

904 815 francs.

Nous voici arrivé aux recettes qui n'atteignent pas le million.

Le droit de placer des siéges sur les boulevards et dans les squares, jardins et parcs, a été mis en adjudication pour cinq ans depuis le premier janvier 1875. La redevance des concessionnaires s'élève à 62 115 francs.

Les concessionnaires des kiosques, urinoirs lumineux et châlets de nécessité, ainsi que ceux qui affichent sur les urinoirs et colonnes d'affichage de la Ville, lui payeront 57 000 francs en 1879 (7000 francs de plus qu'en 1878).

Ceux qui obtiennent l'autorisation d'établir sur la voie publique des échoppes et constructions légères attenant aux habitations fourniront au budget une recette de 40 000 francs.

Un produit considérable est celui qui résulte du dépôt de chaises et tables devant les cafés, et d'étalages sur échoppes mobiles devant les boutiques. Il aura rapporté 330 000 francs cette année. Il s'élèvera à 370 000 francs en 1870.

Nous avons dit plus haut que les établissements des Champs-Elysées donnaient une recette de 134 300 francs, toute en loyers : le bois de Boulogne, 161 100 francs, celui de Vincennes, 66 300 francs, et les parcs, squares et jardins, 14 000 francs.

TAXES FUNÉRAIRES.

857 145 francs.

Le décret du 18 mars 1806 assujettit à une taxe fixe le transport des corps des décédés au cimetière, à l'exception des indigents, qui doivent être inhumés « décemment et gratuitement ». Voici le tarif de cette taxe :

Première et deuxième classe, 40 francs — troisième et quatrième, 30 francs — cinquième, 20 francs — sixième, 15 francs — septième et huitième, 10 francs — neuvième classe, 6 francs.

Le produit de cette taxe est estimé pour 1879 à 380 000 francs.

L'administration municipale nomme et paye les agents du service des inhumations, dont les traitements s'élèvent à 272 100 francs. Mais cette somme est remboursée à la Ville par l'Administration des Pompes funèbres : de là une recette équivalente.

Pour ce qui concerne les indigents, leur inhumation décente et gratuite est à la charge de la Ville, qui alloue aux Pompes funèbres une somme de 5 francs pour chacune des inhumations ordonnées par les maires. Mais l'administration des pompes funèbres est tenue de payer à la Ville 60 centimes de frais de fossoyage pour chaque corps inhumé gratuitement sur l'ordre du maire, et il en résulte une recette de 28 000 francs. Il n'est peut-être pas inutile de remarquer que le fossoyage, exécuté par les ouvriers de l'administration municipale, coûte plus de 180 000 francs. Il est vrai que cette somme s'applique à toutes les fosses indistinctement ; mais on sait qu'à Paris la plus grande partie des inhumations se fait gratuitement. Les 60 centimes sont donc bien loin de représenter la dépense de la fosse.

Les invalides sont enterrés aux frais de l'État ; mais ce dernier doit payer à la Ville les 60 centimes de frais de fossoyage dont nous venons de parler. Cet article, qui aurait dû disparaître depuis longtemps du budget municipal, ne donne que 45 francs à la caisse.

Après la taxe des inhumations, voici celle des exhumations, qui, à 20 francs par corps, enrichira le budget de 160 000 francs. Beaucoup de familles transforment en effet leurs concessions temporaires en concessions perpétuelles, ce qui nécessite presque toujours une exhumation.

Enfin, les corps venant de l'extérieur ne peuvent être inhumés dans nos cimetières sans payer cette même taxe de 30 francs. Cela produit 17 000 francs.

PRODUIT DES PERMIS DE CHASSE ET DE DIVERSES AMENDES, INTÉRÊTS DE FONDS PLACÉS AU TRÉSOR.

632 700 francs.

La part revenant à la Ville dans le produit des permis de chasse procure à la caisse une recette de 51 000 francs.

Le produit des amendes de police municipale est fort aléatoire : il a été de 181 000 francs en 1877 : mais pour 1878 et 1879, on l'a réduit à une prévision de 156 000 francs. Si cela veut dire que les agents de l'administration ne mettront pas un zèle exagéré à relever des contraventions, la population verra sans déplaisir cette diminution de recettes.

Les amendes de police correctionnelle pour fraudes dans la vente des marchandises, et dont le produit appartient aux communes, sont inscrites pour 14 000 francs.

La partie attribuée à la Ville du produit des amendes en matière de grande voirie (un tiers) et le produit des amendes pour délits de chasse ne dépasseront pas 1700 francs.

Les fonds provenant des ressources ordinaires, placés au Trésor, rapporteront 400 000 francs d'intérêts (dix millions pour un an à 3 pour 100, cinq millions à 2 pour 100).

Les intérêts des comptes-courants des trésoriers généraux, à 2 1/2 pour 100, produiront une recette estimée pour 1879 à 10 000 francs.

Nous n'avons pas voulu surcharger ce chapitre, comme il l'est au budget, d'une somme de 4 973 000 francs représentant l'avance, faite par la Ville, du droit de transmission et de l'impôt de 3 pour 100 sur le revenu qui frappent les obligations municipales. Cette somme est en effet, comme nous l'avons déjà expliqué, presque immédiatement remboursée par les porteurs d'obligations.

Nous n'avons chiffré ici que les recettes réelles.

Nous rétablirons cette somme dans le tableau général du budget, mais nous lui ferons une place distincte, ainsi qu'à quelques autres de même nature.

DROITS DE VOIRIE.

600 000 francs.

Les permissions de voirie, exigées pour tous les travaux de bâtiment ou sur la voie publique, sont évaluées au budget de 1879 pour un produit de 600 000 francs.

POIDS PUBLIC.

344 000 francs.

Les perceptions municipales pour le service du poids public sont indiquées au budget de 1870 comme devant produire 344 000 francs.

DROITS D'EXPÉDITION D'ACTES ET PRIX DE VENTE D'OBJETS MOBILIERS.

258 000 francs.

Les droits d'expédition et de timbre des actes de l'Etat civil sont prévus pour une somme de 180 000 fr. Mais la fourniture de papier timbré (155 000 francs) et les autres dépenses de ce service (21 000 francs) rendent cette recette absolument nulle. Il en est de même d'une somme de 3000 francs pour frais de copies de pièces.

Le seul produit réel de ce chapitre, ce sont les 75 000 francs du prix de revente d'objets mobiliers hors de service.

VENTE DE MATÉRIAUX ET CESSION DE TERRAINS RETRANCHÉS DE LA VOIE PUBLIQUE.

200 600 francs.

L'administration estime à 80 000 francs pour 1878 et 1879 la vente des matériaux à provenir des démolitions (100 000 francs de moins qu'en 1877).

La revente des pavés de rebut doit produire 60 000 francs.

La cession, aux propriétaires riverains, de parcelles de terrains abandonnés par suite de modifications des voies publiques, est estimée devoir produire 60 000 fr.

Mentionnons encore 600 francs pour la vente d'arbres abattus ou élagués, ainsi que d'herbes provenant des promenades et des établissements municipaux.

LEGS ET DONATIONS POUR DES ŒUVRES DE BIENFAISANCE.

6769 francs.

Chiffre attristant pour une ville comme Paris, et qui atteste combien est inintelligente la direction donnée aux bonnes œuvres des possesseurs de grandes fortunes. L'administration municipale n'a pas d'orphelinat ; elle n'a pas d'asile pour la jeune ouvrière manquant de travail, et que guette la prostitution ; elle ne sait où placer ces travailleurs qui ont élevé une nombreuse famille et enrichi leurs patrons sans pouvoir se réserver le pain de la vieillesse. Toutes ces institutions sont aux mains de l'apostolat catholique ou dans celles de l'assistance publique, où ont afflué jusqu'à ce jour les legs et les donations.

Le sentiment de la véritable charité, de celle qui songe aux corps en respectant la dignité, l'indépendance et la conscience de celui qu'elle secourt, ne se fera-t-il donc pas enfin sa place? La démocratie serait un vain mot, si elle ne faisait pas mieux et plus que les classes prétendues dirigeantes, les hommes de l'ordre soi-disant moral, et les femmes ensorcelées et abêties par l'esprit clérical !

Le lecteur va trouver, dans les deux pages suivantes, le tableau des recettes et des dépenses présumées pour l'exercice 1879. Nous les avons classées d'après leur importance comme chiffres. Nous aurions voulu pouvoir donner, en regard des dépenses de chaque service municipal, la recette correspondante, quand il y en a une. Mais la division du budget correspond aux sections administratives, qui sont souvent chargées de plusieurs services, de là un enchevêtrement qui ne permettrait pas au plus acharné fouilleur de détails et de chiffres d'établir nettement ce que coûtent les services productifs d'argent, et de rechercher si les uns donnent un profit, et les autres une perte relative. Chaque fois que cela a été possible, comme pour l'octroi et quelques autres produits, nous l'avons fait dans les notices qui composent la première partie de notre opuscule. Il ne nous a pas été possible d'aller plus loin, et nous doutons fort que les contrôleurs de l'administration municipale puissent obtenir sur ce point toute la clarté désirable. Ce n'est pas seulement la classification actuelle du budget qu'il faudrait changer pour cela, c'est la machine administrative tout entière qu'il faudrait répartir et diviser en cantonnements rigoureux dans chaque service, avec une comptabilité spéciale. Resteraient encore les états-majors, planant sur l'ensemble, et l'administration centrale, qui doit veiller à tout. La dépense en bloc de ces hautes directions devrait alors se répartir sur chacun des services, mais dans quelles proportions? Nous ne prétendons pas la chose infaisable; nous nous bornons à en faire entrevoir les difficultés.

Une première observation se présente tout d'abord à la vue de ce tableau, c'est que le total général du budget se trouve grossi, non pas à dessein assurément, mais par des nécessités de comptabilité, d'un certain nombre de millions.

TABLEAU DES RECETTES PRÉSUMÉES DE L'EXERCICE 1879.

	fr.	c.
Octroi	126,703,100	»
Centimes communaux. — Impositions spéciales	24,576,600	»
Eaux et établissements hydrauliques	9,886,657	»
Gaz	8,500,000	»
Halles et marchés	6,945,900	01
Contributions de voirie, de nettoiement et d'éclairage	5,991,595	»
Voitures publiques	4,330,500	»
Abattoirs	2,950,000	»
Taxe du balayage	2,600,000	»
Établissements scolaires	2,513,931	»
Entrepôts	3,100,000	»
Terrains des cimetières	1,721,700	»
Voirie, vidanges, égouts	1,595,500	»
Propriétés communales	1,289,168	66
Recettes diverses	1,141,267	30
Locations sur la voie publique	904,815	»
Taxes funéraires	857,145	»
Permis de chasse, amendes, intérêts de fonds placés	632,700	»
Droits de voirie	600,000	»
Poids public	314,000	»
Vente d'objets mobiliers. — Expédition d'actes	258,000	»
Vente de matériaux et terrains retranchés de la voie publique	200,600	»
Legs et donations de bienfaisance	6,160	»
Contribution de l'État (police municipale)	7,693,825	»
— — et du département (pavé de Paris)	3,400,000	»
Recouvrement de droits sur les porteurs d'obligations	4,973,000	»
	222,714,472	97

TABLEAU DES DÉPENSES PRÉSUMÉES DE L'EXERCICE 1879.

	fr.	c.
Dette municipale.	106,370,478	09
Préfecture de police.	21,959,836	29
Voie publique.	15,956,900	»
Assistance publique.	13,676,000	»
Instruction primaire et écoles supérieures. .	11,361,201	»
Eaux et égouts, vidanges, voiries	8,660,164	»
Promenades et plantations, éclairage, voitures.	8,379,600	»
Octroi.	6,474,750	»
Préfecture et mairie centrale.	5,066,030	»
Architecture et beaux-arts	4,914,150	»
Voirie.	4,504,900	»
Charges de la Ville envers l'État. — Frais de perception	4,188,900	»
Contribution de la Ville (garde républicaine).	3,170,500	»
Halles et marchés. — Domaine de la Ville. .	1,522,850	»
Direction des travaux de Paris.	1,062,865	»
Inhumations	1,022,608	»
Colléges, lycées et établissements spéciaux. .	923,793	»
Mairies d'arrondissement	730,500	»
Pensions et secours.	645,441	66
Affaires militaires, postes, corps de garde et casernes.	540,400	»
Dépenses diverses.	217,319	04
Cultes	171,816	»
Dépenses concernant les exercices clos. . . .	100,000	»
Fonds de réserve.	1,496,310	89
	222,714,172	97

Quand nous voyons aux dépenses une somme de 22 millions pour la préfecture de police, il ne faut pas oublier qu'aux recettes figure en déduction une somme de 7 694 000 francs environ pour contribution de l'État dans cette dépense. La préfecture de police ne coûte donc à la ville que 14 257 000 francs en chiffres ronds.

Il en est de même pour la dette municipale, dont le service en 1879 paraît devoir coûter 106 370 000 fr. Mais comme dans cette dépense se trouvent près de 5 millions de droits simplement avancés pour les porteurs d'obligations de la Ville, et dont le remboursement, prévu aux recettes, leur est demandé à la caisse municipale quand ils viennent toucher leurs coupons, nous n'aurons en réalité à payer pour amortissement, en 1879, que 101 427 000 francs.

La voie publique présente un cas analogue. Sa dépense est de 16 millions au budget; mais l'État et le département (voir aux recettes) y contribuent pour 2 400 000 francs. Elle n'est donc en réalité que de 12 557 000 francs.

Voici déjà le budget réel des dépenses allégé de 16 millions environ, mais il contient encore un certain nombre de ces recettes d'ordre que nous n'avons pas toutes indiquées, à cause de leur chiffre relativement peu important, ou parce qu'elles sont éparpillées dans divers chapitres et totalisées avec les recettes effectives.

Si donc la ville de Paris a un budget ordinaire

pour 1879 de 222 millions, on peut toujours dire que sa dépense réelle ne dépassera que de peu 200 millions, et il est peut-être utile à son crédit que le public sache bien la vérité à cet égard.

La seconde observation que fera le lecteur assurément, c'est à propos de l'énormité de l'impôt indirect, comparé à l'impôt direct. Le produit de l'octroi dépasse en effet de plus de 102 millions celui des centimes communaux. Les économistes essaieront en vain de démontrer que direct ou indirect, l'impôt est toujours acquitté par le consommateur, nous ne cesserons de leur répéter qu'il n'est pas proportionnel à la fortune, à cause des taxes dont sont frappées les denrées alimentaires. On peut se priver dans les dépenses d'habitation, ou tout au moins les proportionner à sa situation ; mais l'estomac du pauvre a plus d'exigences que celui du riche, et comme pauvres ou riches paient en cette circonstance un impôt de quantité, on ne peut nier la profonde injustice de cette répartition, que rend encore plus douloureuse la cherté toujours croissante des denrées d'alimentation.

En poursuivant l'examen du tableau, le lecteur se rendra un compte au moins approximatif des charges qui, outre les centimes additionnels, pèsent sur la propriété, le commerce et l'industrie. Il verra aux recettes que si le produit des halles et marchés, ceux des abattoirs, des entrepôts et du poids public contribuent à enchérir encore un peu la nourriture du Parisien, les produits des eaux, du gaz, les contributions de voirie et d'éclairage, les locations sur la voie publique, les droits de voirie prennent encore quelques millions à la propriété et au commerce, et l'éclairage, notamment, un peu plus que de raison. Il ne se plaindra pas du produit des écoles supérieures; il acceptera, comme un supplément à l'impôt sur les successions, les recettes données par les taxes funéraires et les concessions de terrains dans les cimetières; enfin il pensera que les propriétés communales rapportent peu, et qu'il serait peut-être bon de ne pas mettre à les vendre la trop sage lenteur avec laquelle procède pour sa part l'Assistance publique.

En passant en revue les dépenses, il verra avec étonnement que la ville de Paris, déjà accablée sous le poids du budget de la préfecture de police, est obligée de verser à l'État plus de trois millions par an pour contribuer aux dépenses de la garde républicaine, laquelle, en dehors du service d'ordre public qui incombe à l'État, se borne, en ce qui concerne Paris, à monter la garde au Luxembourg et à faire quelques courses d'estafette chez les membres du Conseil et chez les directeurs des services de la Ville.

Il se demandera pourquoi la Ville donne à l'Assistance publique une subvention de près de 14 millions, au lieu de lui proposer de se charger de la moitié de ses services hospitaliers, où, avec l'appui du Conseil, l'administration préfectorale maintiendrait dans de justes limites le zèle intempestif des propagandistes soi-disant religieux. Il trouvera peut-être que la direction des travaux de Paris et le budget de l'architecture et des beaux-arts, ensemble six millions, sont un peu coûteux, et il ne se consolera pas tout à fait en songeant que la Préfecture et la mairie centrale se contentent de cinq.

Peut-être fera-t-il encore bien d'autres réflexions. Nous en serons charmés pour notre part, n'ayant pas pris la plume à autre intention.

LES RECETTES ET LES DÉPENSES EXTRAORDINAIRES.

A la suite du budget *ordinaire*, lequel n'a pour objet que les services en quelque sorte permanents dont le besoin se renouvelle d'année en année, et auxquels il est pourvu à l'aide des ressources ordinaires, c'est-à-dire prévues et votées tous les ans, se placent les recettes et dépenses *extraordinaires*, consacrées à des travaux ou à des besoins exceptionnels. Cette catégorie du budget atteint parfois ou même dépasse le chiffre du budget ordinaire, et généralement elle se rattache à l'emploi des fonds provenant des emprunts qui sont votés à certaines périodes pour l'exécution de grands travaux.

Le projet de budget pour 1879 ne nous fait connaître qu'une partie des dépenses et recettes extraordinaires prévues pour cet exercice. Elles forment un total de 4 042 500 francs dont voici la division d'emploi :

Dépenses extraordinaires. — Pour la construction d'une faculté des sciences et l'agrandissement de la Sorbonne, travaux qui dépendent de la conclusion d'un arrangement avec l'État, l'administration propose d'y consacrer un million l'année prochaine si les travaux peuvent être commencés. Cette somme lui sera remboursée par l'État, comme on le verra plus loin.

Pour la reconstruction de l'école pratique de médecine et l'édification de la nouvelle clinique d'accouchement (travaux en cours), elle propose au Conseil le vote d'un crédit de 790 000 francs qui lui seront également remboursés par l'État.

Elle lui demande de consacrer une somme de 795 833 fr. 34 à des travaux neufs de constructions d'égouts et de distribution des eaux, en sus des sommes portées au budget ordinaire pour pareil objet, et 480 000 francs pour pavage et trottoirs neufs dans la zone annexée.

Elle propose un crédit de 672 000 francs affectés au paiement de l'ancienne dette immobilière, et 14 666 fr. 66 pour les échéances d'acquisitions postérieures.

Pour acquisitions diverses relatives à la dérivation des eaux de la Vanne et pour travaux imprévus, 80 000 fr.

Enfin, elle pense qu'il faudra encore consacrer en 1879 une somme de 200 000 francs pour la reconstitution des actes de l'état civil incendiés en mai 1871. (L'État contribuera à cette dépense pour 114 500 fr.)

Recettes extraordinaires. — Ainsi que nous l'avons expliqué plus haut, l'État contribue : 1° pour un million à la construction de la Faculté des sciences et à l'agrandissement de la Sorbonne ; 2° pour 790 000 francs dans l'établissement de la clinique d'accouchement et la reconstruction de l'école de médecine ;

3° pour 114 500 francs dans les frais de reconstitution des actes de l'état civil.

Les autres recettes extraordinaires se composent :

De 1 700 000 francs, produit présumé de ventes d'immeubles du domaine de la Ville.

De 200 000 francs à rembourser par les particuliers (prévision) pour pavage neuf à leur charge dans la zone annexée.

De 38 000 francs pour vente de terrains provenant de la dérivation de la Vanne;

De 100 000 francs pour revente de terrains et de matériaux provenant d'expropriation;

Et enfin de 100 000 francs produits par les intérêts de fonds placés au Trésor, et provenant de recettes extraordinaires (fonds d'emprunt).

Pour faire comprendre les différences qui se sont produites ces dernières années dans les dépenses et recettes extraordinaires, il nous suffira de citer les chiffres suivants :

En 1876, cette partie du budget s'est élevée à plus de 104 millions.

En 1877, le chiffre n'était plus que de 10 464 000 fr.

Pour 1878, les recettes et dépenses extraordinaires ont été fixées à la somme de 36 356 000 francs.

LES TRAVAUX EN PROJET POUR L'AVENIR.

Le Conseil municipal à qui l'administration mu

nicipale proposait l'adoption d'un certain nombre de travaux de voirie, a demandé tout d'abord le tableau complet des futurs projets relatifs aux percements à entreprendre et aux élargissements de rues par mise à l'alignement. L'administration, en dressant ce tableau, l'a fait suivre de la nomenclature des opérations déjà décrétées, mais dont on pourrait ajourner l'exécution.

Nous croyons utile de résumer ce tableau par arrondissements, en ce qui concerne les percements nouveaux.

Les travaux à entreprendre dans le Ier arrondissement sont évalués à 45 779 532 fr. et comprennent : 1° le prolongement de la rue aux Ours, de la rue Montorgueil à la place des Victoires ; 2° celui de la rue du Louvre, de la rue Saint-Honoré à la rue Montmartre (ces deux opérations comprendraient le dégagement des abords de l'hôtel des Postes) ; 3° l'achèvement de la rue Mondétour.

Dans le IIe, et pour une somme de 41 801 508 fr., on prolongerait : 1° la rue Réaumur, de la rue Saint-Denis à la place de la Bourse ; 2° de la rue des Deux-Portes-Saint-Sauveur jusqu'au boulevard Bonne-Nouvelle ; enfin on élargirait et assainirait la rue des Filles-Dieu.

Pour le IIIe arrondissement, moyennant 31 403 585 fr., on terminerait la rue aux Ours, du boulevard de Sébastopol au boulevard Beaumarchais ; on établirait une rue nouvelle entre le marché du Temple et les rues Béranger et Charlot, et un nouveau passage entre le boulevard Saint-Martin et la rue Notre-Dame-de-Nazareth, en utilisant l'impasse du Pont-aux-Biches et le passage des Orgues.

Dans le IVe arrondissement, la dépense serait de 37 763 266 fr. pour l'élargissement de la rue du Renard et de la rue Beaubourg, la transformation des rues des Billettes, de l'Homme-Armé et du Chaume, et le percement d'une rue nouvelle entre le quai des Célestins et la place Baudoyer.

Les prolongements et percements dans le Ve arrondissement n'exigeraient que 24 115 418 fr. La rue de l'Abbé-de-l'Épée serait ouverte du boulevard Saint-Michel à la rue Monge ; les rues des Fossés-Saint-Bernard, du Cardinal-Lemoine, Clovis et Thouin, viendraient aboutir aux rues d'Ulm et de l'Abbé-de-l'Épée ; on prolongerait la rue Nicole jusqu'à la rue de l'Abbé-de-l'Épée, la rue des Feuillantines jusqu'au boulevard Saint-Michel ; les abords de l'École polytechnique seraient dégagés par le prolongement de la rue des Bernardins et l'élargissement de la rue Descartes. Seraient également prolongées la rue du Dante, les rues Monge et d'Arcole, avec élargissement de la rue Saint-Julien-le-Pauvre et le dégagement de l'église.

Les élargissements par mise à l'alignement et la suppression de quelques rues coûteraient, il est vrai, rien que pour cet arrondissement, 34 405 803 fr.

Le VIe arrondissement n'exigerait pas moins de 70 292 000 fr. pour les percements suivants : 1° boulevard d'Enfer, du boulevard Montparnasse au boulevard Saint-Germain; 2° une double rue partant de la place Saint-Germain-des-Prés, l'une aboutissant au Pont-Neuf, l'autre au pont du Carrousel; 3° enfin une rue prolongeant le boulevard Saint-André jusqu'au boulevard Saint-Germain.

Le VIIe arrondissement est intéressé dans une partie des travaux portés au tableau pour le VIe (la rue de Rennes et le boulevard d'Enfer), aussi n'est-il question que de 22 181 329 fr. en ce qui le concerne particulièrement, à savoir : une rue projetée entre le pont du Carrousel et l'angle des rues du Bac et boulevard Saint-Germain, l'achèvement de la rue de Solferino jusqu'à la rue de Bellechasse, l'établissement d'un marché rue de Grenelle et rue du Bac, et le prolongement de la rue Duquesne, entre la rue Éblé et le boulevard des Invalides.

Les percements dans le VIIIe arrondissement sont estimés à 5 537 007 fr. Il s'agit de terminer l'avenue d'Antin entre les rues de Morny et le faubourg Saint-Honoré, d'acquérir pour le même objet deux propriétés rue de Ponthieu, d'un élargissement partiel de l'avenue Marbœuf, de la Voie-Haute à la rue François Ier; du prolongement du passage Gautrin jusqu'à l'avenue de l'Alma, et d'une rue transversale entre ce passage et la rue Marbœuf.

Pour 27 501 900 fr., le IXe arrondissement verrait finir le boulevard Haussmann, y compris le prolongement de la rue Chauchat; le prolongement de la rue

Mogador, entre les rues de Provence et Saint-Lazare, et celui de la rue Choron.

Les travaux projetés pour le Xe arrondissement coûteraient 2 917 800 fr. La rue d'Abbeville, l'ouverture des rues sur l'emplacement de la prison Saint-Lazare, avec prolongement de la rue Martel et de diverses autres ; le prolongement de l'avenue Parmentier entre la rue Corbeau et le faubourg du Temple, l'élargissement de la rue Claude-Vellefoux et son prolongement jusqu'au boulevard de la Villette, et l'établissement d'un pont sur le chemin de fer de l'Est, rue de l'Aqueduc, tel est l'ensemble des travaux indiqués au tableau.

Le XIe arrondissement aurait besoin de 25 032 090 fr. pour sa part : 1° dans l'achèvement de l'avenue Parmentier entre le faubourg du Temple et la rue de la Fontaine-au-Roi, pour l'avenue des Amandiers et le prolongement de la rue Servan, pour l'avenue Lacuée, du faubourg Saint-Antoine à la place Voltaire ; pour percer la rue de Reuilly entre la rue de Charonne et le faubourg, enfin pour les expropriations et la viabilité de la rue Froment.

Le chiffre indiqué pour le XIIe arrondissement est de 16 302 384 fr. Il s'agit : 1° de l'avenue Lacuée, entre le quai de la Rapée et la rue de Lyon, et entre l'avenue Daumesnil et le faubourg ; d'une rue à établir entre le boulevard de Picpus et la station du Bel-Air, d'un projet de rue entre celle de la Nativité et le boulevard Daumesnil, du prolongement des rues

Michel-Bizot, de Montempoivre, Ruty et d'Aligre, et enfin d'un boulevard entre la place du Trône et l'avenue de Saint-Mandé.

Le XIIIe arrondissement, porté au tableau pour 13 517 577 fr., comprend dans les travaux projetés : 1° l'achèvement de la rue de Tolbiac jusqu'au quai de la Gare ; 2° le prolongement de la rue Jeanne-d'Arc jusqu'au boulevard Saint-Marcel ; 3° une voie de la rue Vandrezanne à la rue de Tolbiac ; 4° une autre, de cette même rue de Tolbiac au passage du Moulinet ; 5° la rue Nationale, depuis celle du Château-des-Rentiers jusqu'au boulevard Masséna ; 6° le prolongement des rues Regnault et Caillaux ; 7° la rue des Peupliers, de la rue du Moulin-des-Prés à la Poterne ; 8° la rectification de la rue du Pot-au-Lait.

Pour le XIVe arrondissement, les percements, qui coûteraient 4 267 187 fr., sont ainsi indiqués au tableau : 1° ruelle des Mariniers, entre le boulevard Brune et les rues Didot et de Gergovie ; 2° prolongement de la rue Blottière ; 3° prolongement de celle du Moulin-de-la-Vierge ; 4° prolongement de la rue Montbrun ; 5° travaux avenue Reille, au droit du réservoir de Montsouris ; 6° achèvement de la partie nouvelle de la rue Saint-Yves ; 7° achèvement de la rue des Plantes, entre l'avenue du Maine et le boulevard de Montrouge ; 8° passage de la rue de Vanves à travers le cimetière du Sud ; 9° rue projetée sur l'emplacement de l'ancien marché aux fourrages ; 10° achèvement de la rue d'Odessa.

Les travaux du XVe arrondissement exigeraient une dépense de 19 163 140 fr. Ils se résument ainsi : prolongements de la rue des Morillons, de la rue Brancion, de la rue Dutot, de la rue Cambronne, de l'avenue de Ségur, de l'impasse Ronsin, de la rue Violet, de la rue Hoche, de la rue Frémicourt et de la rue de Noaille; rue projetée reliant la rue du Commerce à la gare de Grenelle et raccordement avec la rue de la Croix-Nivert; rue de la Gare, de Grenelle au quai de Javel et dérivation de la rue de Lourmel; redressement des rue et place Dupleix.

Pour le XVIe arrondissement, l'administration prévoit un assez grand nombre de travaux à entreprendre et dont la dépense s'élèverait à 13 586 995 fr. D'abord le quai d'Auteuil, dont l'État payera la plus grosse part ; la rue Mozart, la rue de la Municipalité, entre les rues La Fontaine et François-Gérard ; la rue des Fontis, l'avenue de la Muette, les rues à établir dans le jardin fleuriste de la ville de Paris (sans bourse délier, à cause de la valeur des terrains à revendre), l'abaissement de l'avenue d'Eylau, l'avenue projetée de la place du Trocadéro au rond-point de Longchamps, et enfin les prolongements du boulevard Murat, de l'avenue Bourdon, de la rue Greuze, de l'avenue de Longchamps et du boulevard Flandrin.

Le XVIIe arrondissement comprend, pour 7 718 143 fr., l'établissement des nouvelles avenues Mac-Mahon et Niel, le square de l'avenue de Saint-Ouen et les prolongements des rues Fourcroy, Desrenaudes, Truffault et Balagny.

Dans le XVIII° arrondissement, il y aurait à dépenser 10 626 130 fr. pour vingt et une opérations : la rue Caulaincourt, la rue Lamarck, la rue Muller, la rue Charles-Nodier, la rue Foyatier, la rue Sainte-Éleuthère, la rue Azaïs, la rue Becquerel, la rue Saint-Vincent, la rue Livingstone, la rue Custine, la rue du Mont-Cenis, la rue Francœur, la rue Vauvenargues, la rue Montcalm, la rue Duhesme, la rue Boinot, une rue nouvelle entre les rues Stephenson et de la Chapelle, le redressement de la rue Pajol et les prolongements des rues Stephenson et Damremont.

Le XIX° arrondissement aurait à dépenser la somme de 7 357 498 fr. pour une voie allant de la rue d'Allemagne à la nouvelle mairie; pour la rectification de la rue Fessard, entre le parc des buttes Chaumont et les rues Haxo et de Belleville; le prolongement des rues Mathis, de Cambrai et Mouzaïa.

Le XX° arrondissement est porté au tableau pour vingt et une opérations devant coûter 9 049 386 fr. En voici le sommaire : Rues projetées entre les rues Pixérécourt, des Rigoles, Levert et de Belleville; rue du Jourdain, rue de la Dhuis, rue Sorbier, rue des Montibœufs, rue et impasse de la Py, complément de la rue des Vignolles; sentiers des Falaises, des Hauts-Montibœufs, des Bua; rue nouvelle entre la rue des Montibœufs et le boulevard Mortier; prolongement de l'impasse Haxo jusqu'au boulevard Mortier; prolongement de la rue Haxo, entre la rue du Surmelin et le coude de la rue des Montibœufs; déviation de la rue du Surmelin; abords de la mairie; rue en prolongement de la rue du Chemin-Vert; prolongements de la rue Latérale et de l'impasse Tourtille; raccordement de la rue des Amandiers à la rue Sorbier par la rue des Plâtrières.

—

Le total de la dépense nécessaire à l'exécution de ces percements s'élève à 432 110 492 francs.

Les élargissements par mise à l'alignement et dégagement des abords de monuments publics, tels qu'ils sont indiqués, entraîneraient en plus une dépense de 118 540 530 francs.

Enfin les opérations décrétées, et que l'administration propose d'ajourner indéfiniment, représentent une dépense de 43 872 802 francs.

Ensemble 594 523 824 fr. de travaux de voirie que le Conseil municipal est appelé à classer selon leur urgence, et dont la plupart sont divisés en sections qui peuvent être entreprises successivement, dans l'ordre de leur importance et de leur nécessité. En y consacrant 10 millions par an, ce qni représente l'excédant probable des budgets à venir, soixante années seraient nécessaires pour les mener à bonne fin.

Les faire par voie d'emprunt, ce serait augmenter de près de deux milliards la dette municipale !

Ceux qui ont bien voulu nous suivre avec attention dans ce dédale de renseignements et de chiffres doivent se faire maintenant une idée, au moins générale, du mécanisme de notre administration municipale, et de la tâche difficile et pénible qui s'impose aux citoyens élus pour les contrôler.

Assurément, des erreurs n'ont pu être évitées dans ce travail sommaire; on nous les pardonnera, en songeant que pour être absolument clair et rigoureusement exact, ce travail exigerait, pour chacun des services que nous avons décrits, un volume comme celui-ci. Il demanderait en outre une variété de connaissances techniques qu'on ne peut pas facilement trouver chez un seul. La bonne volonté de l'auteur, son désir de faire connaître aux habitants de Paris le peu qu'il a pu apprendre dans l'exercice des fonctions dont il a été honoré par le suffrage de ses concitoyens, l'ont poussé à entreprendre une tâche peut-être au-dessus de ses facultés, et en tout cas assez délicate pour que personne avant lui n'ait essayé de l'aborder.

Quand l'auteur n'aurait fait qu'ouvrir la voie à des hommes plus compétents, à des écrivains plus autorisés, il s'estimerait encore heureux d'avoir commencé cette initiation du public parisien à une des choses qui l'intéressent si directement.

TABLE DES MATIÈRES.

PREMIÈRE PARTIE

Les services municipaux de Paris.

DEUXIÈME PARTIE.

Les ressources financières de Paris.

[22129] Typographie Lahure, 9, rue de Fleurus, à Paris.

La *Bibliothèque utile*, consacrée à la vulgarisation des connaissances les plus indispensables à l'homme et au citoyen, a publié jusqu'ici les ouvrages suivants :

I. **Morand**. Introduction à l'étude des sciences physiques.

II. **Cruveilhier**. Hygiène générale.

III. **Corbon**. De l'Enseignement professionnel.

IV. **L. Pichat**. L'Art et les Artistes en France.

V. **Buchez**. Les Mérovingiens.

VI. **Buchez**. Les Carlovingiens.

VII. **F. Morin**. La France au moyen âge.

VIII. **Bastide**. Luttes religieuses des premiers siècles.

IX. **Bastide**. Les Guerres de la Réforme.

X. **Pelletan**. Décadence de la Monarchie française.

XI. **Brothier**. Histoire de la Terre.

XII. **Sanson**. Principaux faits de la Chimie.

XIII. **Turck**. Médecine populaire.

XIV. **Morin**. La Loi civile en France.

XV. **Zaborowski**. L'homme préhistorique.

XVI. **Ott**. L'Inde et la Chine.

XVII. **Catalan**. Notions d'Astronomie.

XVIII. **Cristal**. Les Délassements du travail.

XIX. **V. Meunier**. Philosophie zoologique.

XX. **G. Jourdan**. La Justice criminelle en France.

XXI. **Ch. Rolland**. Histoire de la maison d'Autriche.

XXII. **Eug. Despois**. Révolution d'Angleterre.

XXIII. **B. Gastineau**. Les Génies de la science et de l'industrie.

XXIV. **Leneveux**. Le Budget du foyer. Economie domestique.

XXV. **L. Combes**. La Grèce ancienne.

XXVI. **F. Lock**. Histoire de la Restauration.

XXVII. **Brothier**. Histoire populaire de la Philosophie.

XXVIII. **Elie Margollé**. Les Phénomènes de la Mer.

XXIX. **L. Collas**. Histoire de l'Empire ottoman.

XXX. **F. Zurcher**. Les Phénomènes de l'Atmosphère

XXXI. **E. Raymond**. L'Espagne et le Portugal.

XXXII. **Eugène Noël**. Voltaire et Rousseau.

XXXIII. **A. Ott**. L'Asie occidentale et l'Egypte.

XXXIV. **Ch. Richard**. Origine et fin des mondes.

XXXV. **Enfantin**. La Vie éternelle.

XXXVI. **Brothier**. Causeries sur la Mécanique.

XXXVII. **Alfred Doneaud**. Histoire de la Marine française.

XXXVIII. **F. Lock**. Jeanne d'Arc.

XXXIX. **Carnot**. Révolution franç. Pér. de création. 1789 à 1792.

XL. — — Pér. de défense. 1792 à 1804.

XLI. **Zurcher et Margollé**. Télescope et Microscope.

XLII. **Blerzy**. Torrents, fleuves et canaux.

XLIII. **Secchi Wolf et Briot**. Le Soleil et les Étoiles.

XLIV. **Stanley Jevons**. L'Economie politique.

XLV. **Em. Ferriere**. Le Darwinisme.

XLVI. **H. Leneveux**. Paris municipal.

XLVII. **A. Boillot**. Les entretiens de Fontenelle sur la pluralité des mondes.

XLVIII. **E. Zévort**. Histoire de Louis-Philippe.

XLIX. **Geckie**. Géographie physique.

LUBBOCK. **L'homme préhistorique**, étudié d'après les monuments et les costumes retrouvés dans les différents pays de l'Europe, suivi d'une Description comparée des mœurs des sauvages modernes, traduit de l'anglais par M. Ed. Barbier, avec 256 figures intercalées dans le texte. 1876, 2e éd. considérablement augmentée, suivie d'une conférence de M. P. Broca sur les *Troglodytes de la Vezère*. 1 beau vol. in-8, broché. 15 fr.

Cart. riche, doré sur tranche. 18 fr.

LUBBOCK. **Les origines de la civilisation.** État primitif de l'homme et mœurs des sauvages modernes, 1877. 1 vol. grand in-8 avec figures et planches hors texte. Traduit de l'anglais par Ed. Barbier, 2e édition, 1877. 15 fr.

Relié en demi-maroquin avec nerfs. 18 fr.

EVANS (John). **Les âges de la pierre**, instruments, armes et ornements de la Grande-Bretagne, 1 beau volume grand in-8, avec 467 fig. dans le texte, trad. par M. Ed. Barbier. 1878. Prix broché. 15 fr.

Relié en demi-maroquin avec nerfs. 18 fr.

BLANCHARD **Les métamorphoses, les mœurs et les instincts des insectes**, par M. Emile Blanchard, de l'Institut, professeur au Muséum d'histoire naturelle. 1 magnifique volume in-8 jésus, avec 160 figures intercalées dans le texte et 40 grandes planches hors texte. 2e édition, 1877. Prix, broché. 25 fr.

Relié en demi-maroquin. 30 fr.

BAGEHOT. **Lois scientifiques du développement des nations** dans leurs rapports avec les principes de l'hérédité et de la sélection naturelle, 1 vol. in-8 de la *Bibliothèque scientifique internationale*, cartonné à l'anglaise. 2e édit., 1876. 6 fr.

DE QUATREFAGES. **L'espèce humaine.** 1 vol. in-8 cartonné, 4e édition, 1878. 6 fr.

HERBERT SPENCER. **La science sociale.** 1 vol. in-8 cartonné, 3e éd. 6 fr.

VAN BENEDEN. **Les commensaux et les parasites dans le règne animal.** 1 vol. in-8, cartonné avec figures, 2e édit. 6 fr.

O. SCHMIDT. **La descendance de l'homme et le darwinisme.** 1 vol. in-8 cartonné avec figures, 2e édition. 6 fr.

SMEE (A.). **Mon jardin**, géologie, botanique, histoire naturelle. 1876. 1 magnifique vol. gr. in-8 orné de 1300 fig. et 52 pl. hors texte, traduit de l'anglais par M. Barbier. 1876. Broché. 15 fr.

Cartonnage riche, doré sur tranches. 20 fr.

PETTIGREW. **La locomotion chez les animaux**, marche, natation. 1 vol. in-8 avec figures. 6 fr.

J. TYNDALL. **Les glaciers et les transformations de l'eau**, avec figures. 1 vol. in-8, 2e édition. 6 fr.

www.ingramcontent.com/pod-product-compliance
Ingram Content Group UK Ltd.
Pitfield, Milton Keynes, MK11 3LW, UK
UKHW031843260826
14628UKWH00002B/564

9 782019 681746